FACULTÉ DE DROIT DE PARIS

THÈSE

POUR

LE DOCTORAT

PRÉSENTÉE

PAR

MICHEL PHÉRÉKYDÈS

LICENCIÉ ÈS-LETTRES

PARIS

IMPRIMERIE DE AD. LAINÉ ET J. HAVARD

RUE DES SAINTS-PÈRES, 19

1866

FACULTÉ DE DROIT DE PARIS.

DE

LA GARANTIE
EN CAS D'ÉVICTION
DANS LA VENTE
EN DROIT ROMAIN ET EN DROIT FRANÇAIS

THÈSE POUR LE DOCTORAT

PAR

MICHEL PHÉRÉKYDÈS

LICENCIÉ ÈS-LETTRES DE LA FACULTÉ DE PARIS

Né à Bucharest (Roumanie), le 26 novembre 1842

L'acte public sur les matières ci-après sera soutenu

le Mardi 28 Août, à 3 heures et demie.

Président :	M. LABBÉ,	*professeur.*
Suffragants :	MM. DUVERGER, DEMANTE, COLMET DE SANTERRE,	*professeurs.*
	DESJARDINS,	*agrégé.*

Le Candidat répondra en outre aux questions qui lui seront faites
sur les autres matières de l'enseignement.

PARIS

IMPRIMERIE DE AD. LAINÉ ET J. HAVARD

RUE DES SAINTS-PÈRES, 19

—

1866

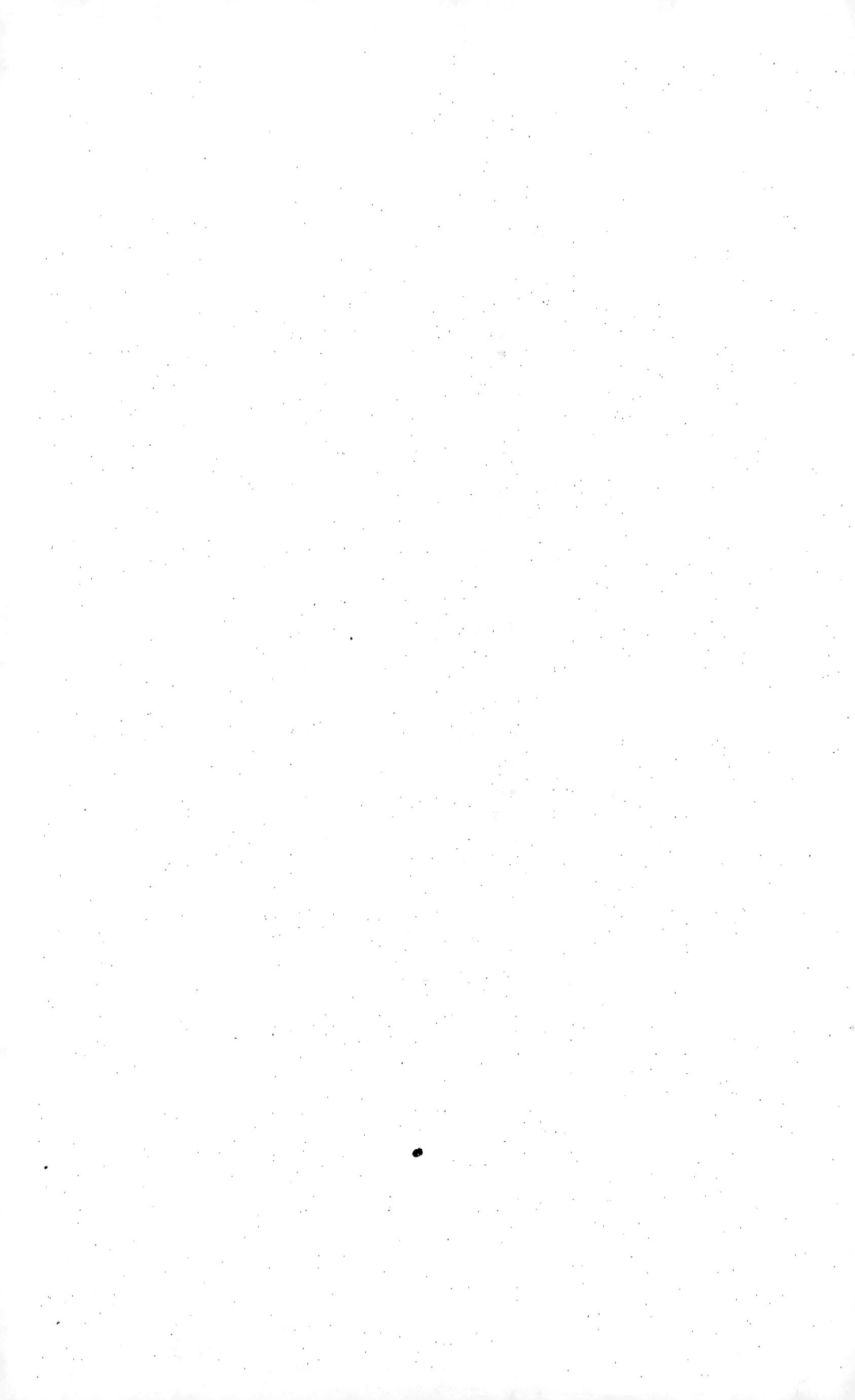

A mon Père.

—

A M. B. Phormion.

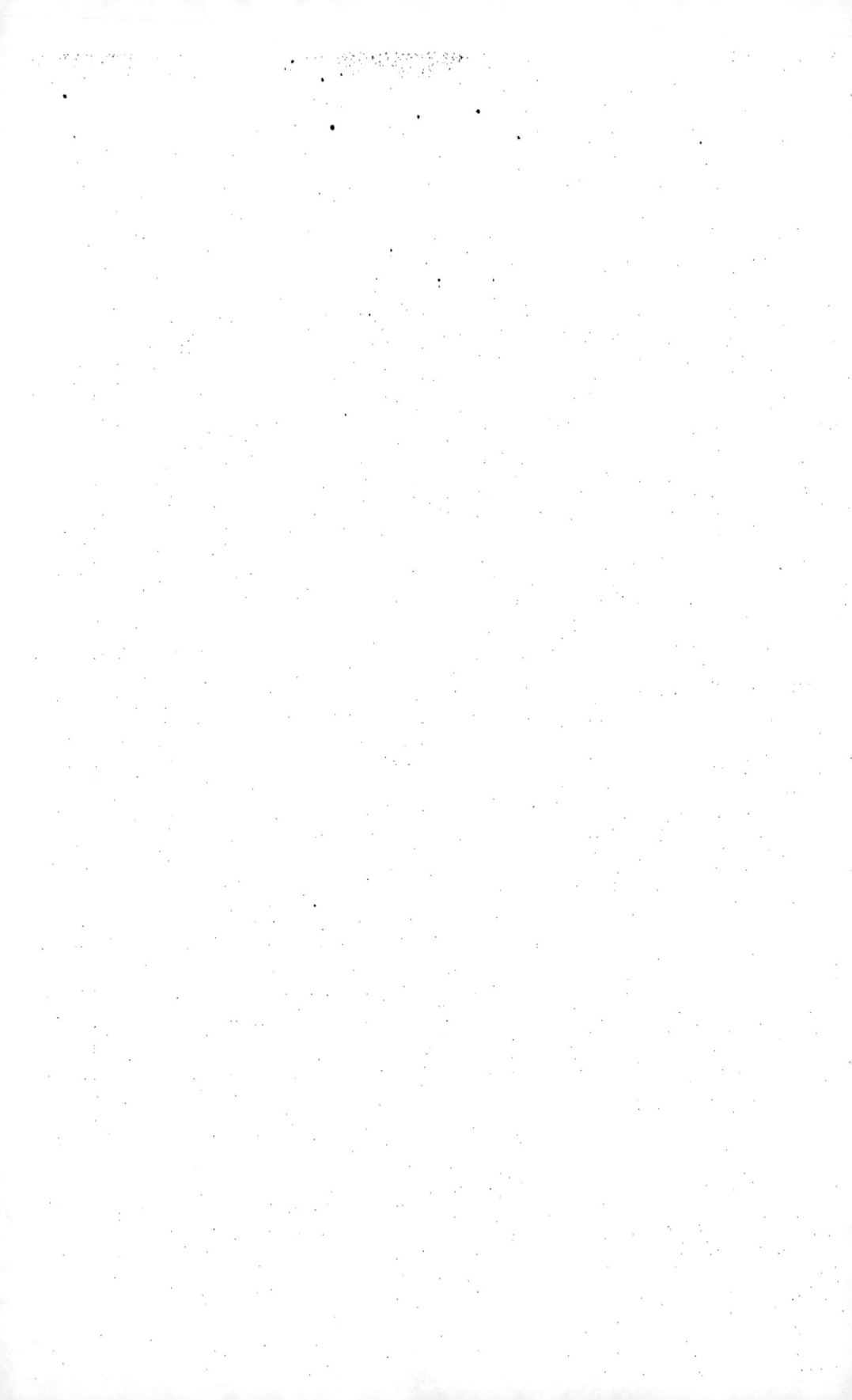

DE LA GARANTIE

EN CAS D'ÉVICTION,

DANS LA VENTE.

——•◦❀◦•——

DROIT ROMAIN.

—

PRÉLIMINAIRES.

Le contrat de vente, *emptio venditio*, fait naître à la charge du vendeur plusieurs obligations. Paul les ramène à trois : *venditori sufficit ob evictionem se obligare, possessionem tradere, et purgari dolo malo* (1) : le vendeur s'engage à livrer la libre possession de la chose, *vacuam possessionem*, et à faire en sorte que l'acheteur conserve cette libre possession : il faut, de plus, qu'il soit exempt de dol.

Ainsi les Romains imposent au vendeur l'obli-

_____
(1) L. 1, pr., D. *de rerum permut.*, 19, 4.

gation de délivrer la chose vendue, *præstare emptori rem habere licere*(1), et non pas celle d'en transférer la propriété, *dare rem*. C'est qu'en effet s'ils avaient exigé, dans l'origine, que l'acheteur fût rendu propriétaire, tous les étrangers, qui étaient incapables d'acquérir et à plus forte raison de transférer le *dominium ex jure Quiritium*, se seraient trouvés exclus du commerce : or les besoins sociaux voulaient que la vente fût accessible à tous. On borna donc l'obligation du vendeur à la tradition de la chose, mais cette simple remise matérielle dut être accompagnée de toutes les sûretés que la matière comportait. Lorsque les contractants étaient tous deux citoyens romains, ils pouvaient convenir, quand il s'agissait de *res mancipi*, que la tradition serait accompagnée de la mancipation. Mais quand un pérégrin figurait dans la vente, ou quand la chose n'était pas susceptible de mancipation, on dut recourir à des moyens que les progrès du droit ne tardèrent pas à faire découvrir. L'acheteur commença par se faire promettre une peine pour le cas où le vendeur commettrait un dol ; ensuite, à l'exemple de ce qui se pratiquait auparavant pour les défauts physiques de la chose, il se fit promettre une peine pour tout fait qui le priverait de la chose vendue ; enfin la jurisprudence finit par imposer

(1) Africain, L. 30, § 1, *de act. empt.*, 19, 1.

l'obligation d'indemniser l'acheteur dépouillé comme découlant naturellement du contrat de vente. Ces progrès furent rapides, et dès lors la vente, arrivée à sa perfection, entraînait d'elle-même les obligations que Paul énumère.

Si nous supposons que le vendeur a satisfait à son obligation de faire la délivrance, l'acheteur, qui n'éprouve dans sa possession aucun trouble de droit, lors même qu'il découvrirait n'avoir pas acquis la propriété, ne peut élever aucune réclamation, car le but de la vente est atteint. *Qui vendidit, necesse non habet fundum emptoris facere* (1). Il suit de là que rien ne s'oppose à ce que la vente de la chose d'autrui ne soit valable : c'est affaire au vendeur d'obtenir du propriétaire qu'il ne fasse point valoir ses droits. Si d'ailleurs le vendeur a la propriété de la chose vendue, la tradition l'a transportée à l'acheteur, qui désormais se trouve à l'abri de tout danger.

Le vendeur, avons-nous dit, est tenu de ne pas commettre de dol : *purgari dolo malo*. De là cette conséquence que, s'il est de mauvaise foi, s'il s'est présenté comme propriétaire, sachant ne pas l'être, l'acheteur trompé, qui a pu légitimement espérer acquérir la propriété par la tradition, peut recourir contre le vendeur pour être indemnisé du dommage qu'il éprouve à n'avoir

---

(1) Ulpien, L. 23, § 1, D. *de contrah. empt.*, 18, 1.

pas été rendu propriétaire. Nous aurons d'ailleurs occasion de faire de nombreuses applications de ce principe, qui domine toute la matière.

Il peut arriver que l'acheteur, mis en possession, soit inquiété, non par des voies de fait, mais par des troubles de droit. Alors apparaît une nouvelle obligation pour le vendeur : il doit défendre son ayant-cause contre les tiers qui l'attaquent; et, s'il ne parvient pas à le maintenir en possession, il doit l'indemniser du préjudice qu'il éprouve. Le fait qui dépouille ainsi l'acheteur de la chose ou de l'avantage promis est ce qu'on appelle, dans un sens large, l'*éviction*. C'est ce fait que le vendeur est obligé de prévenir, s'il est possible, ou d'en réparer les conséquences; son obligation est appelée obligation de *garantie*. Les Romains lui donnaient un autre nom. Le vendeur, disent les textes, *auctor est, auctoritatem præstat, auctoritatis obligatur, auctoritati obnoxius* (1).

La garantie du vendeur a deux chefs : elle s'applique non-seulement à l'éviction, mais encore aux vices rédhibitoires. Nous ne nous occuperons dans ce travail que de la garantie due en cas d'éviction. Quelles évictions donnent lieu au re-

---

(1) V. sur les différents sens du mot *auctor*, M. Ortolan, *Explic. hist. des Inst.*, t. II, p. 179, et M. Labbé, *De la Garantie*, p. 3.

cours en garantie? dans quel cas ce recours ne
peut-il pas s'exercer? à qui et contre qui est-il
donné? enfin, quel est le montant des domma-
ges-intérêts dont il grève le vendeur? telles sont
les questions que nous nous proposons d'examiner dans le cours de cette étude.

Mais, avant d'aborder les détails de notre sujet, il nous paraît utile de donner un aperçu ra-
pide des moyens de contrainte qui assurent l'exécution de l'obligation de garantie. Par le fait
seul de la vente, et indépendamment de toute
convention, le vendeur est soumis à un recours
en cas d'éviction. Ce recours s'exerce par l'action
ex empto, qui est une action de bonne foi, et dont
l'effet est de condamner le vendeur à rendre l'a-
cheteur indemne.

A côté de cette sanction légale de la vente, les
Romains avaient un mode de contrainte spécial,
résultant d'une promesse qui accompagnait la
vente; cette promesse, usitée dans le principe
pour assurer l'exécution de la vente, se maintint
dans la pratique à cause des avantages qu'elle
présentait. Pour se soustraire aux difficultés de
l'appréciation du dommage éprouvé, et aussi
aux chances de détérioration de la chose, l'acheteur fixait d'avance le montant de l'indemnité
qu'il pourrait réclamer. La somme fixée était promise par stipulation, sous la condition de l'éviction; elle était ordinairement du double du prix

de vente : de là le nom de *stipulatio duplæ*. Dans le cas d'éviction, le vendeur était tenu, par l'action *ex stipulatu duplæ*, de payer le double, sans tenir compte de la valeur actuelle de la chose. Il avait promis sous condition telle somme; la condition réalisée, il devait cette somme.

Les deux actions, comme on voit, avaient entre elles des différences considérables. La première, *bonæ fidei*, se prêtait à une interprétation large, et recevait tous les tempéraments qu'exigeait l'équité. La seconde, *stricti juris*, était renfermée dans les limites rigoureuses des paroles prononcées. Nous nous contenterons ici de signaler cette différence, dont l'intérêt pratique est considérable : nous en étudierons plus loin les conséquences.

La *stipulatio duplæ* était un acte indépendant du contrat de vente; mais bientôt l'usage de cette stipulation se répandit et entra tout à fait dans les habitudes romaines. Il arriva donc que par application de la règle qui, dans les contrats de bonne foi, supplée tout ce qui est d'usage, *quia assidua esset stipulatio* (1), elle devint obligatoire pour le vendeur. *Emptori duplam promitti a venditore oportet, nisi aliud convenit* (2). L'acheteur, par l'action *empti*, pouvait exiger du vendeur qu'il s'obligeât *verbis*. Si celui-ci refusait, l'indemnité

(1) Ulpien, L. 31, § 20, D. *de ædilit. edicto*, 21, 1.
(2) Ulpien, L. 37, pr., D. *de evict.*, 21, 2.

devait être calculée sur l'intérêt qu'aurait eu l'acheteur à ce que la stipulation fût intervenue : *placuit etiam ex empto agi posse* (1).

Malgré cette extension donnée à l'action *empti*, les deux actions n'en subsistèrent pas moins avec leurs effets propres. La stipulation, en effet, n'était usitée, et par conséquent sous-entendue, que dans les ventes d'objets précieux : pour les choses de peu de valeur, l'action *em,* 'tait seule donnée. En outre, il se présente des cas où l'action *ex stipulatu* était refusée, et où cependant l'action *empti* était accordée avec des effets restreints.

Nous aurons à examiner l'éviction sous son aspect le plus rigoureux, telle qu'elle doit se présenter pour donner lieu à l'action *ex stipulatu;* nous indiquerons en même temps les tempéraments qu'admet l'action *ex empto*.

(1) Paul, L. 2, D. *de erict.* — Pauli Sent., II, 17, § 2.

CHAPITRE I.

De l'éviction. — Quelles évictions donnent lieu à la garantie.

I. Dans un sens large, l'éviction est le fait qui dépouille l'acheteur du bénéfice qu'il comptait retirer de la vente. Mais toute éviction ne donne pas lieu au recours en garantie. Des conditions rigoureuses sont même exigées pour que l'action *ex stipulatu* puisse s'exercer : lorsque ces conditions se trouvent réunies, nous avons l'éviction proprement dite, dans le sens rigoureux du mot. Elle est ainsi définie : *evictio est ablatio rei emptæ per judicem jure facta*. Pour donner ouverture à l'action *ex stipulatu*, l'éviction doit résulter d'un jugement régulier, suivi d'une exécution directe ou par équivalent, et qui en fait empêche l'acheteur de conserver le bénéfice procuré par la vente. Il n'y a pas à distinguer suivant le rôle que l'acheteur a joué dans l'instance, s'il a succombé en qualité de défendeur ou de demandeur. Mais il faut qu'il y ait eu une sentence prononcée, et que la dépossession soit entraînée par une nécessité qu'on ne peut éviter,

telle que celle qui résulte d'un jugement (1). Un
compromis n'est pas un jugement, il ne produi-
rait donc pas le même effet : *nullâ enim cogente
necessitate id feci* (2). Les textes nous fournissent
une application remarquable de ce principe. En
mon absence, vous avez entrepris de gérer mes
affaires; vous achetez pour vous une chose dont
je suis propriétaire; vous ignorez cette circonstance, et votre erreur dure jusqu'au terme de
l'usucapion. Vous n'êtes point tenu, par l'action
negotiorum gestorum, de me restituer cette chose.
Mais si, avant que l'usucapion ne soit accomplie,
vous découvrez qu'elle m'appartient, vous devez
confier à une tierce personne le soin de revendiquer contre vous en mon nom, afin que je re-
couvre ma chose, et que l'éviction vous donne
l'action *ex stipulatu* (3). Vous aurez ainsi rempli
votre obligation vis-à-vis de moi, et sauvegardé
votre recours en garantie. — Cette procédure
conduit à une éviction nécessaire, mais si l'acheteur avait restitué spontanément, il n'aurait pas
pu se dire évincé.

. De cette nécessité d'une éviction judiciaire, il
résulte que l'acheteur n'aura pas l'action *ex stipulatu* s'il devient l'héritier du propriétaire. En
effet, il a seul le droit, en qualité de propriétaire,

(1) Africain, L. 24, D. *de evict.*
(2) Paul, L. 56, § 1, D. *de evict.*
(3) Paul, L. 19, § 3, D. *de negot. gestis*, 3, 5.

de revendiquer la chose; or il ne peut revendiquer contre lui-même; l'instance judiciaire
étant impossible, l'éviction l'est également : *Quoniam evinci ei non potest, nec ipse sibi videtur evin-
cere, non committitur duplæ stipulatio* (1). — Mais
dans ce cas l'acheteur n'est pas destitué de tout
recours; Paul ajoute : *ex empto agendum erit;* car
s'il continue de posséder, ce n'est plus en qualité
d'acheteur, mais de propriétaire. L'action *empti*
n'est pas soumise aux conditions rigoureuses de
l'éviction judiciaire; elle est régie par des règles
d'équité.

Le jugement par lui-même ne suffit pas pour
entraîner commise de la stipulation; la condamnation ne constitue pas l'éviction. Celle-ci n'est
réalisée que lorsque le jugement a reçu son exécution. Vous avez succombé contre le revendiquant, vous n'êtes pourtant pas évincé. Que
prouve le jugement? Que vous n'êtes point propriétaire. Mais si vous conservez la possession,
habere licere rem videris; le recours en garantie
n'est donc pas ouvert à votre profit. Gaïus suppose que le revendiquant est mort après le jugement sans laisser de successeur; personne ne
poursuit l'exécution de la sentence. Pourquoi
l'acheteur se plaindrait-il? Il est maintenu en
possession. — Gaïus se demande ensuite que dé-

(1) Paul, L. 41, § 1, D. *de evict.*

cider au cas où, avant l'exécution du jugement, celui qui a obtenu gain de cause fait donation à l'acheteur de la chose que celui-ci doit restituer. Il n'y a pas éviction, dit-il, *alioquin semel commissa stipulatio resolvi non potest* (1). En effet, si l'éviction n'existe pas en cas d'inexécution du jugement, c'est que le jugement n'entraîne pas commise de la stipulation, car le droit une fois ouvert par la commise ne saurait être altéré *ex post facto,* par le défaut d'exécution : *resolvi non potest.* Il ne doit pas l'être davantage en cas de renonciation gratuite à la poursuite, car elle ne fait que rendre l'inexécution certaine et définitive. L'acheteur réunissant les qualités de propriétaire et de possesseur, ne peut se dépouiller lui-même judiciairement : la condition de la stipulation ne peut plus se réaliser. Mais comme il possède la chose non plus en qualité d'acheteur, mais en qualité de donataire ou de légataire, il doit avoir contre son vendeur l'action *ex empto* que Paul donne à l'acheteur devenu propriétaire à titre d'héritier. Gaïus ne s'occupe pas de cette question ; mais cette solution, conforme aux principes, se trouve formulée dans un fragment d'Ulpien (2).

Nous avons supposé que, l'exécution poursuivie, l'acheteur était dépossédé, et alors, avonsnous dit, *commissa est stipulatio.* Mais il n'est pas

(1) Gaïus, L. 57. D. *de evict.*
(2) Ulpien, L. 13, § 15, D. *de act. empti.*

nécessaire, pour produire ce résultat, que l'exécution ait porté sur la chose elle-même. Lorsque l'acheteur a été condamné à payer une somme d'argent, *litis œstimationem*, les jurisconsultes reconnaissent qu'il y a éviction. L'acheteur est dépossédé, non de la chose elle-même, mais d'une valeur qui la représente; il peut néanmoins se dire évincé, et agir *ex stipulatu* contre son vendeur. *Duplœ stipulatio committi dicitur, tunc quum res restituta est petitori, vel damnatus est litis œstimatione, vel possessor ab emptore conventus absolutus est* (1). Ulpien, reproduisant la même doctrine, dit que l'acheteur, dans ce cas, ne possède plus en vertu de la première vente, mais pour ainsi dire en vertu d'une seconde vente, consommée par le paiement de la *litis œstimatio* (2).

Dès que les conditions que nous avons indiquées se trouvent réunies, il n'y a pas à rechercher quelle prétention fait valoir le demandeur qui obtient gain de cause dans l'instance; si, pour dépouiller l'acheteur, il invoque un droit de propriété, ou un autre droit. Il peut se faire en effet que l'acheteur, bien que devenu propriétaire, soit néanmoins évincé, s'il est, par exemple, attaqué par une action noxale ou hypothécaire. Mais pour que le vendeur soit garant de l'éviction, il faut qu'elle ait sa cause dans un vice inhé-

(1) Pomponius, L. 16, § 1, D. *de evict.*
(2) Ulpien, L. 21, § 2, D. *de evict.*

rent au droit du vendeur, sans d'ailleurs exiger le dol ou la faute de celui-ci. L'erreur ou l'injustice du juge n'est donc pas à la charge du vendeur : *Si per imprudentiam judicis, aut errorem, emptor rei victus est, negamus auctoris damnum esse debere* (1). En dehors de l'hypothèse où le vice est inhérent au droit, la cause de l'éviction doit être antérieure à la vente ou procéder d'un fait du vendeur. — La chose vendue par un mineur à Titius, a été revendue par celui-ci à Séius; le mineur obtient la *restitutio in integrum* contre les deux. Séius, évincé, pourra-t-il agir *ex stipulatu*, contre Titius? Oui, dit Julien, il doit avoir l'action *utile*, car il est juste que le préteur qui dépouille Séius, le restitue dans ses droits à la garantie (2). D'après le droit pur l'acheteur n'aurait donc pas l'action directe, car l'éviction procède d'une cause postérieure à la vente, qui est étrangère au vendeur. La cause d'éviction n'est pas ici la lésion du mineur, mais la volonté toute-puissante du préteur, fait nouveau postérieur à la vente.

L'acheteur qui exerce le recours en garantie contre son vendeur, doit établir qu'il est dépossédé par une contrainte à laquelle il ne peut échapper. Il serait donc repoussé s'il lui restait un moyen de rentrer en possession de la chose.

(1) Ulpien, L. 51, pr., D. *de evict.*
(2) Julien, L. 30, pr., D. *de evict.*

Si, n'ayant pu triompher par la revendication, il est à même d'intenter la Publicienne, il n'est pas évincé, car l'inaction ne lui est pas imposée. — Votre esclave a acheté un esclave qu'il a vendu à Titius, avec promesse du double. Celui-ci, après avoir perdu la possession, a revendiqué sans succès; car votre esclave lui ayant fait tradition sans votre consentement, ne lui avait pas transféré la propriété. Titius a encore l'action Publicienne. Il n'est donc pas sans ressource; il ne pourra pas dire que l'éviction soit réalisée (1).

On voit, d'après tout ce qui précède, que l'éviction, pour donner lieu à l'action *ex stipulatu*, doit résulter d'un jugement mis à exécution. Cette solution semble cependant être en contradiction avec deux fragments de Paul insérés au Digeste. Le jurisconsulte suppose que l'esclave revendiqué périt après la *litis contestatio :* le juge, dit-il, n'en devra pas moins prononcer la sentence, car le sort de la stipulation de garantie en dépend (2). La même solution est reproduite dans un autre passage (3). Il semble dès lors qu'on puisse dire : s'il est vrai que la garantie soit due *ex stipulatu* dans le cas où l'esclave est mort, et où par conséquent le jugement n'est plus susceptible d'exécution, le principe qui exige cette exécution

---

(1) Julien, L. 39, § 1, D. *de evict.*
(2) Paul, L. 16, pr., D. *de rei vindic.*, 6, 1.
(3) Paul., L. 11, D. *Judicatum solvi*, 46, 7.

comme une condition du recours en garantie *ex stipulatu* fait défaut; il est ici formellement démenti. La contradiction n'est cependant qu'apparente. Il nous paraît, en effet, ressortir de la lecture des textes que dans l'hypothèse prévue l'acheteur était demandeur au procès. S'il succombe, est-il besoin que le jugement soit exécuté pour qu'il y ait dépossession? Nullement, car elle existait en fait au moment de la *litis contestatio;* le jugement qui intervient la déclare fondée en droit : n'avons-nous pas dès lors tous les éléments de l'éviction? L'exécution ici consiste dans la perpétuité de la situation existant au moment de la *litis contestatio,* situation déclarée fondée en droit par la sentence. L'éviction dans l'espèce est celle dont Paul dit ailleurs : *Stipulatio committi dicitur, quum possessor ab emptore conventus, absolutus est* (1). Remarquons, toutefois, que la solution qui nous occupe ne s'applique qu'à l'action *ex stipulatu :* elle est, en effet, conforme aux règles qui régissent la stipulation; du moment que les faits s'adaptent strictement aux paroles prononcées, la condition est réalisée, la dette existe. Mais dans l'action *empti,* régie par l'équité, les dommages et intérêts ne seraient calculés qu'eu égard au préjudice éprouvé. Si donc l'esclave fût également mort entre les mains de

(1) Paul, L. 21, § 2, D. *de evict.*

l'acheteur, celui-ci n'ayant rien perdu ne pourrait rien réclamer, sauf, bien entendu, les frais
du procès qui devraient être remboursés.

II. Nous avons toujours supposé jusqu'ici une
éviction qui frappait la totalité de la chose vendue. Celle qui n'atteindrait qu'une partie donnerait également ouverture au recours en garantie : *Sive tota res evincatur, sive pars, habet regres-
sum emptor in venditorem* (1). Ce recours peut aussi
bien s'exercer par l'action *ex stipulatu* que par
l'action *ex empto*.

Mais il ne faudrait pas considérer comme une
éviction partielle celle qui enlèverait à l'acheteur des accessoires qui n'étaient pas une partie
de la chose vendue; ces accessoires n'ont pas
été nommés dans la stipulation. Les lois 42 et 43,
de evict., appliquent cette règle au part d'une esclave, et au produit d'une vache vendue. — Une
esclave enceinte a été l'objet de la vente; son enfant n'en était pas une partie; il n'a pas été nom-
mé dans la *stipulatio duplæ*. Si nous supposons
l'acheteur attaqué après la mort de la mère, l'é-
viction de l'enfant ne donnera pas ouverture au
recours en garantie *ex stipulatu*. S'il n'en est pas
de même en ce qui touche l'action *ex empto*, c'est
que celle-ci n'est pas restreinte dans les limites
étroites de paroles prononcées. L'obligation du

(1) Ulpien, L. 1, D. *de evict.*

vendeur de faire avoir à l'acheteur la chose vendue, renferme celle de lui faire avoir tout ce qui
en proviendra : *Ita ea quoque, quæ per eum ad-
quiri potuerunt, præstare debet emptori ut habeat* (1).

Si l'acheteur est troublé par des tiers qui re-
vendiquent sur la chose vendue des servitudes,
soit réelles, soit personnelles, peut-il se dire
évincé pour partie? Les règles du Droit romain
sont différentes suivant qu'il s'agit de servitudes
personnelles ou prédiales. Pour les premières, les
décisions des jurisconsultes sont à l'abri de la
controverse; il n'en est pas de même en ce qui
touche les secondes.

Occupons-nous d'abord de la première classe
de servitudes. Si l'usufruit de la chose vendue est
revendiqué par un tiers, l'acheteur éprouve un
dommage assimilé à l'éviction partielle. Paul, il
est vrai, a écrit : *Recte dicimus eum fundum totum
nostrum esse, etiam quum ususfructus alienus est* (2).
Mais ce texte doit être écarté; il ne traite pas de
la garantie, mais de la revendication, et se réfère
spécialement à la plus pétition. En matière de
vente, on a dû considérer que la principale utilité
d'une chose, celle que l'on recherche, que l'on
achète, est le droit d'user et de jouir de cette
chose. Du reste, qu'a promis le vendeur? *Rem
habere licere;* qui pourrait soutenir que l'ache-

(1) Julien, L. 8, D. *de evict.*
(2) Paul, l. 23, D. *de verb. sign.*

teur, réduit à la nue-propriété, ait la *vacua pos-
sessio* qui lui est due? Les textes, du reste, ne
laissent aucun doute à cet égard. Les lois 43
et 49, *de evict.*, assimilent l'éviction de l'usufruit
à l'éviction partielle. *Si ab emptore ususfructus pe-
tatur, proinde is venditori denunciare debet, atque is a
quo pars petitur.* Un fragment d'Ulpien n'est pas
moins explicite : *Si quis forte non de proprietate, sed
de possessione nuda controversiam fecerit, vel de usu-
fructu, vel de usu, vel de quo alio jure ejus quod dis-
tractum est, palam est committi stipulationem* (1). Ce
texte nous montre que l'usufruit n'est pas régi
par une loi qui lui soit spéciale; l'usage, l'habi-
tation, sont mis sur le même rang. Le droit de
superficie, l'emphytéose, droits réels plus considérables même que l'usufruit, paraissent être dé-
signés par ces mots : *Vel de quo alio jure.* Mais
faut-il donner à ces mots un sens plus large encore et y faire rentrer les servitudes prédiales?
Non assurément. Cela nous amène à parler de la
controverse soulevée à l'égard de cette classe de
servitudes.

Le vendeur est-il soumis à un recours à raison des servitudes prédiales qui grèvent le fonds
vendu? La réponse dépendra de l'interprétation
donnée à deux fragments des jurisconsultes. Le
premier est de Vénuléius : *Quod ad servitutes præ-*

(1) Ulpien, L. 38, § 3, D. de verb. oblig.

diorum attinet, si tacite secutæ sunt et vindicentur ab alio, Quintus Mucius et Sabinus existimant venditorem ob evictionem teneri non posse; nec enim evictionis nomine quemquam teneri in eo jure quod tacite soleat accedere, nisi ut optimus maximusque esset, traditus fuerit fundus; tunc enim liberum ab omni servitute præstandum (1). Le second est d'Ulpien : *Quoties de servitute agitur, victus tamen debet præstare quanti minoris emisset emptor, si scisset hanc servitutem impositam* (2).

Plusieurs interprétations ont été proposées; nous analyserons brièvement les trois principales.

Une première opinion se formule ainsi : Les servitudes sont - elles apparentes ? Le vendeur n'en est tenu que s'il a vendu le fonds comme libre, *uti optimus maximus;* car ces servitudes *tacite sequuntur* (Vénuléius). — Sont-elles occultes, l'acheteur a droit à la garantie, s'il a ignoré leur existence; elles sont considérées comme vices du fonds (Ulpien) (3). — Cette distinction ne s'appuie sur aucune autorité; elle nous paraît arbitraire.

Une seconde opinion, professée par Cujas, applique une règle unique à toutes les servitudes

(1) L. 75, D. *de evict.*
(2) L. 61, D. *de ædilit. edicto,* 21, 1.
(3) V. M. Ch. Maynz, *Éléments de Droit romain,* t. II, p. 189, note 13. Le Code Napoléon a adopté cette distinction.

prédiales, occultes ou apparentes. La déclaration de franchise, *uti optimus maximus*, a-t-elle été faite? l'acheteur a un recours par l'action *ex empto* ou l'action *ex stipulatu*. Sinon ces deux actions sont refusées : *Venditorem ob evictionem teneri non posse* (Vénuléius). — Mais par l'action *quanti minoris* (Ulpien), qui ne dure qu'une année, l'acheteur obtiendra ce dont le prix eût été diminué, eu égard à cette servitude. C'est là un vice, non rédhibitoire il est vrai, mais un vice du fonds, et il en est traité, fait-on remarquer, au titre *de œdilitio edicto*.

Mais Vénuléius ne dit-il pas positivement que le vendeur n'est tenu de la garantie que s'il a déclaré la franchise du fonds? Tunc *liberum omni servitute præstandum;* en l'absence de cette déclaration, il ne doit pas *liberum fundum præstare*. Ceci est confirmé par Celsus : *Quum venderes fundum, non dixisti ita ut optimus maximusque, verum est quod Quinto Mucio placebat, non liberum, sed* QUALIS ESSET *fundum præstari oportere* (1). Ce texte réfute avec une force égale les deux systèmes précédents.

Une troisième opinion (2), à laquelle nous nous rattachons, n'admet la garantie que dans le cas où le fonds a été vendu comme libre, que les ser-

---

(1) Celsus, D. 59, D. *de contr. empt.*
(2) V. sur ce sujet l'ouvrage de M. Labbé, dont nous analysons ici la doctrine; *De la garantie*, p. 18 et suiv.

vitudes d'ailleurs soient apparentes ou occultes, peu importe. Si, dans le cas de franchise déclarée, des servitudes grèvent le fonds, il y a une éviction partielle qui donne lieu à un recours contre le vendeur. C'est l'application exacte des deux lois de Vénuléius et de Celsus. Quant à la loi *Quoties* d'Ulpien, elle n'a trait qu'au quantum de la prestation pour le cas où elle serait due. L'acheteur, du reste, obtiendra l'indemnité par l'action *ex empto* ou *ex stipulatu*, actions perpétuelles. L'évaluation du préjudice causé devait être réglée ; c'est ce qu'a fait Ulpien. Nous retrouvons la même formule dans un fragment où Paul statue exclusivement sur l'estimation du litige : *Si servitus evincatur, quanti minoris ob id prœdium est, lis œstimanda est* (1).

Hormis le cas de franchise déclarée, le vendeur ne répond donc que du préjudice causé par son dol ; *si quum sciret deberi servitutem, celavit* (2).

Quant aux servitudes prédiales qui paraissaient exister au profit du fonds vendu, leur perte ne constitue pas une éviction. Le vendeur n'en doit la garantie que s'il en a affirmé l'existence (3). Les servitudes, en ce cas, ont fait partie de la vente.

III. Nous nous sommes occupés uniquement

(1) Paul, L. 15, § 1, D. *de evict.*
(2) Ulpien, L. 1, § 1, D. *de act. empti.*
(3) Vénuléius, L. 75, D. *de evict.*

jusqu'à présent de l'éviction dans la vente de choses corporelles. Mais le vendeur est également obligé à la garantie dans toutes les ventes, que leur objet soit une chose corporelle ou une chose incorporelle, un corps certain ou un droit. Quand le droit vendu est une servitude, soit personnelle, soit prédiale, l'éviction soumet le vendeur à la garantie, d'après les règles que nous avons parcourues.

La vente d'un droit de créance présente plus de difficultés. Sur quoi doit porter l'éviction pour donner ouverture au recours? Deux faits peuvent priver l'acheteur du bénéfice de la vente : l'inexistence de la créance ou l'insolvabilité du débiteur. Le vendeur est responsable du premier, il ne l'est pas du second. Il doit seulement, dit Ulpien, *debitorem eum esse præstare* (1); Paul ajoute, *et quidem sine exceptione quoque* (2). Son dol, bien entendu, l'exposerait à un recours.

Si la créance vendue était, en apparence du moins, accompagnée de sûretés spéciales, l'éviction de ces sûretés ne rejaillirait sur le vendeur que si elles avaient été expressément indiquées par lui; et même, en ce cas, faudra-t-il user de distinctions. Le vendeur a-t-il promis un fidéjusseur? la fidéjussion doit être valablement contractée : mais là s'arrête la garantie. A-t-il pro-

(1) Ulpien, L. 4, D. *de hered. vel act. vend.*, 18, 4.
(2) L. 5, D., même titre.

mis un gage, une hypothèque? Il est tenu de prouver qu'une constitution valable de gage ou d'hypothèque a été consentie *a domino*. Mais l'ineffica-
cité de ces sûretés, valablement établies, ne constitue pas une éviction donnant lieu à la garantie.
Nous pensons avec notre savant maître, M. Labbé,
qu'il faut analyser en ce sens cette loi de Paul :
*Periculum pignorum nominis venditi ad empto-
rem pertinet; si tamen probetur eas res obligatas
fuisse* (1).

La vente d'une hérédité sera régie par les mêmes principes. *Evictio non præstatur in singulis re-
bus* (2).

Le vendeur n'a vendu qu'un droit, le droit à
l'hérédité : l'inexistence de ce droit constituerait
une éviction; mais une fois la qualité d'héritier
reconnue vraie, le but de la vente est atteint.
L'acheteur est investi des avantages attachés à la
qualité d'héritier : il recueille ce qui serait échu
au vendeur à ce titre, rien de plus, rien de moins : ,
quanta hereditas est, nihil interest (3). S'il en est autrement dans le cas où l'héritier a désigné tels
biens comme faisant partie de l'hérédité (4), c'est
qu'alors ces biens ont réellement figuré dans la

---

(1) L. 30, D. *de ædil. edicto.* — V. M. Labbé, *de la garantie*,
p. 29.
(2) Sévère et Antonin, L. 1, C. *de evict.*
(3) Paul, L. 14, § 1, *de hered. vel act. vend.*, 18, 4.
(4) Gaïus, L. 15, D., même titre.

vente. Néanmoins, le vendeur doit toujours être tenu à raison de son dol.

Tout ce que nous avons dit de l'hérédité s'appliquerait également à la vente d'un pécule, et en général à toutes les ventes qui ont pour objet une *universitas rerum* ou *jurium*.

CHAPITRE II.

Des causes qui restreignent ou font cesser la garantie.

1. La garantie est de la nature de la vente ; mais les parties peuvent la restreindre ou même l'écarter entièrement par des clauses particulières. Si le vendeur n'est déchargé par la convention que de la garantie de certaines éventualités déterminées, il demeure responsable des causes d'éviction qui n'ont pas été écartées. Mais quelle sera la portée d'une clause générale de non-garantie ? Nous verrons, en étudiant l'effet du recours en garantie, que la prestation embrasse tout le dommage causé par l'éviction, dommage qui souvent excédera le prix de vente. La clause de non-garantie dispense-t-elle le vendeur de toute prestation, ou seulement de celle qui excéderait le prix de vente ? La première opinion a ses partisans ; pour nous, nous pensons que le vendeur, malgré cette clause générale, est néanmoins tenu de la garantie jusqu'à concurrence du prix qu'il a reçu. C'est là une interprétation équitable de la volonté des parties. Bien entendu, si le contraire avait été

expressément déclaré, il n'y aurait plus lieu d'interpréter la convention. Nous invoquons à l'appui de notre opinion un fragment où Julien, cité
par Ulpien, s'exprime ainsi : *Si aperte in venditione
comprehendatur, nihil evictionis nomine præstandum
iri, pretium quidem deberi, re evicti, utilitatem non
deberi* (1). Nous sommes bien en présence d'une
clause de non-garantie. Julien, qui suppose que
la chose a augmenté de valeur, décide que la garantie subsiste jusqu'à concurrence du prix, qu'elle
cesse au delà. Selon lui, le vendeur n'a voulu
échapper qu'aux chances d'augmentation de valeur qui eussent été à sa charge. Le texte est af-
firmatif au point de ne pas laisser de place au
doute. Cependant on récuse cette autorité, en al-
léguant qu'Ulpien ne cite Julien que pour le
contredire. Il est vrai qu'Ulpien relate, dans le
passage dont il est question, un dissentiment entre lui et Julien; mais ce dissentiment porte sur
un autre point : celui de savoir si la promesse
faite par le vendeur qu'un tiers ne troublerait pas
la possession de l'acheteur ne devait pas être considérée comme promesse du fait d'autrui, et à ce
titre déclarée nulle. Ulpien incline vers la nullité,
mais, dit-il, Julien pense différemment. Ce point
vidé, Ulpien ne contredit plus les opinions de Julien : il semble au contraire se les approprier. La

(1) Ulpien, L. 11, § 18, D. *de evict.*

seule liaison qui rattache les deux parties de la
citation est celle-ci : *Ibidem ait;* les deux solutions,
sur deux points différents, se trouvent dans le
même ouvrage de Julien. L'attention d'Ulpien
s'est arrêtée sur l'ouvrage à l'occasion d'un partage d'opinions; puis, après avoir noté la différence de leurs avis, Ulpien rapporte la solution
d'une autre question que lui a fournie le même
ouvrage. S'ensuit-il qu'il répudie cette solution
comme la précédente? Rien ne nous autorise à le
croire. Le contraire nous paraît même presque
certain. La décision de Julien fait partie inté-
grante d'un système complet sur la clause de non-
garantie : nous en avons rapporté la première
partie. Le jurisconsulte, après avoir interprété la
volonté probable des parties dans la clause de
non-garantie, déclare que cette interprétation
doit être sans effet si les parties ont évidemment
entendu que le vendeur devrait garder le prix,
car alors, dit-il, elles ont fait un contrat aléatoire,
Il n'y a plus lieu à garantie, car l'objet de la vente
est une chance. Est-ce à dire qu'Ulpien repousse
également la doctrine de Julien sur les contrats
aléatoires? il serait difficile de le soutenir, et cependant rien n'indique où se sépareraient les deux
opinions. N'est-il pas plus probable qu'Ulpien
s'approprie non-seulement la théorie de Julien
sur la vente aléatoire, mais aussi celle qui précède
et qui, réunie à la seconde, forme un système

complet? Nous ferons remarquer que cette théorie toute d'équité n'est pas en désaccord avec les
principes qui régissent la vente. Nous ne soute-
nons pas qu'il y ait lieu à une restitution du prix,
ce qui serait en effet contraire aux règles du
droit romain, car la vente est valable; mais nous
laissons subsister la garantie, en la restreignant
au montant du prix. La différence est grande : si
la chose avait diminué de valeur, le vendeur conserverait l'excédant du prix, ainsi que nous le
verrons plus loin.

La garantie ne cesse complétement par la convention des parties que dans le contrat de vente
aléatoire : cette vente nous offre même cette par-
ticularité remarquable, que la clause de non-garantie, qui produit ici un effet absolu, n'a pas besoin d'être exprimée : elle est une suite naturelle
du contrat. Nous avons décidé plus haut que la
convention expresse des parties pouvait exclure
toute garantie dans la vente. Sommes-nous donc
en contradiction avec nous-même? Aucunement.
Quand la vente porte sur un coup de filet, ou autre
aléa analogue, il est évident, sans qu'on doive
rien ajouter, que la vente est aléatoire. Que si la
vente n'a pas par elle-même ce caractère, si par
exemple elle a pour objet le cheval que je possède, s'ensuit-il que nous ne puissions pas, en
nous plaçant dans une situation exceptionnelle,
en faire une vente aléatoire? Rien n'y fait obsta-

elle : seulement nous devons, par une convention expresse, déclarer la modalité particulière qui affecte cette vente au point d'en faire un contrat aléatoire. Ce résultat se présente dans le cas où il a été convenu que le vendeur ne serait tenu de rien rendre sur le prix reçu, à titre d'indemnité.

Celui qui achète ainsi à ses risques et périls, achète l'espérance d'avoir la chose plutôt que la chose elle-même. En fait, le prix a été diminué proportionnellement aux risques. Nous rencontrons donc tous les éléments du contrat aléatoire : la liaison est si intime que Julien n'est amené à parler des contrats aléatoires que parce qu'il s'occupe de cette clause de non-garantie absolue et explicite.

Si la clause de non-garantie n'a pour but que d'écarter une cause spéciale d'éviction, le vendeur reste soumis au recours pour tous les cas non prévus. Lorsqu'en vendant un esclave, vous déclarez qu'il est *statu liber,* vous n'êtes pas responsable du dommage éprouvé parce que l'esclave arrive à la liberté : vous le seriez, s'il était revendiqué. De même vous n'avez exclu de la garantie que la condition à laquelle, d'après votre dire, était subordonnée la liberté. Si donc, une autre condition se réalisant, l'esclave se trouve libre, vous devez la garantie à l'acheteur. Toutefois ce principe reçoit un tempérament d'équité dans les lois romaines. L'acheteur ne pourrait se plaindre si la condition réelle était plus avantageuse pour lui, ou même si, étant plus onéreuse, elle est néanmoins réalisée dans toute sa rigueur. Réclamer dans ce cas, dit Africain, serait contraire à la bonne foi (1).

Nous ne devons pas perdre de vue que dans toutes ces hypothèses le vendeur n'est pas déchargé de l'obligation d'être exempt de dol. Il ne peut jamais se soustraire aux conséquences de sa mauvaise foi. Ce principe, qui domine toute la matière, recevrait son application dans toute espèce de vente, fût-elle même aléatoire.

La convention des parties a donc pour effet de restreindre la garantie dans les limites de cette convention. Il faut rattacher à cette idée la restriction de la garantie dans la vente d'une *universitas rerum* et aussi dans la vente du gage, dont nous réservons l'étude.

II. La garantie cesse d'exister lorsque l'acheteur a sciemment acheté la chose d'autrui : l'action *ex empto* serait paralysée par une exception de dol. L'acheteur est le premier auteur du préjudice qu'il éprouve ; l'obligation de l'indemniser ne peut donc pas exister pour le vendeur. Mais l'action *ex stipulatu* ne pourrait être repoussée pour la même raison. Cette action est *stricti juris* : l'obligation *verbis* existe dès que

---

(1) Africain, L. 46, § 2, D. *de evict.*

la condition énoncée se trouve réalisée (1).

L'acheteur ne peut point par l'action *empti* réclamer des dommages et intérêts. Mais ne sera-t-il pas admis à se faire restituer le prix de vente? La question paraît étrange, car nous savons que la vente n'est point nulle. La loi 4, *de doli mali*, donne l'exception de dol sans faire de distinction entre le prix et une indemnité. On a pourtant soutenu que le prix devait être restitué. Nous n'entrerons pas, dès à présent, dans l'examen de la doctrine dont cette décision semble n'être qu'une application éloignée : nous ne discuterons ici que les arguments produits pour les besoins de cette question particulière.

Un texte du Code est invoqué, le voici : *Si fundum sciens alienum, vel obligatum comparavit Athenocles... quod eo nomine dedit, contra juris poscit rationem* (2). Une réclamation est interdite à l'acheteur; mais, dit-on, sur quoi porte-t-elle? *quod eo nomine dedit,* c'est-à-dire *evictionis nomine,* ce qu'il a payé par suite de l'éviction, le dommage qui en est résulté. Mais le prix a été payé à un autre titre; il était dû à cause de la vente : la loi 27 n'en interdit donc pas la répétition (3). — C'est faire tort, selon nous à la loi 27 que de lui prêter cette doctrine : *quod dedit,* quoi de plus général? La loi

<hr>

(1) Ulpien, L. 4, § 5, D. *de doli mali.*
(2) Dioclétien, L. 27, C, *de evict.*
(3) Cujas, *ad legem,* 27, C, *de evict.*

4, *de doli mali,* se plie-t-elle à une subtilité de ce genre? Nous retrouvons la même prohibition, faite dans les termes les plus absolus, dans une hypothèse analogue. Il s'agit du partage d'un fonds que vous saviez avoir été hypothéqué par vos cohéritiers. Ce fonds vous est adjugé. Vous n'aurez de recours que si vos cohéritiers se sont obligés à la garantie par une promesse (1).

L'assimilation que l'on veut établir entre l'hypothèse qui nous occupe et la vente d'une chose grevée de fidéicommis manque de fondement. Nous raisonnons dans l'hypothèse d'une vente valable faite *a non domino,* et non pas dans celle d'une vente nulle, *quasi nec scripta, nec penitus fuerit celebrata* (2), et qui constitue une véritable dérogation aux principes. Dans cette dernière vente, la stipulation de garantie est elle-même frappée de nullité : c'est là une mesure exceptionnelle, qui se justifie par la protection que réclament les fidéicommis. Au contraire, dans la première la stipulation est valable, car la vente elle-même est valable.

III. L'obligation de garantie disparaît quand l'éviction résulte d'un fait ou d'une faute de l'acheteur. Après avoir hypothéqué mon fonds, je vous l'ai vendu : plus tard je vous le rachète avec stipulation de garantie. Le créancier hypothécaire

(1) Dioclétien, l.. 7, C, *communia utriusque,* 3, 38.
(2) Justinien, l.. 3, §§ 3 et 4, C., *comm. de leg.*

m'évince : cette éviction ne me donne pas un recours contre vous, car elle provient de mon fait.
— Il en sera de même toutes les fois que la demande de l'acheteur aura été repoussée par des
exceptions auxquelles son fait a donné naissance (1).

L'éviction est censée survenue par la faute de
l'acheteur toutes les fois qu'il aurait pu l'éviter.
Ainsi il a imprudemment déféré le serment au
possesseur, ou bien, malgré l'avertissement du
vendeur, il a intenté la revendication, alors qu'il
eût triomphé par l'action Publicienne (2). Il y a
faute encore si l'acheteur n'a pas opposé à la demande les exceptions qui devaient la faire repousser. Notons cependant que la règle serait sans ap'
plication si l'éviction provenait précisément de
ceux qui doivent la garantie, par exemple le vendeur ou sa caution. Le vendeur, qui n'était pas
propriétaire au moment de la vente, l'est devenu
depuis. S'il revendique contre l'acheteur, celui-ci
peut le repousser par l'exception de dol. Il peut,
s'il le préfère, négliger l'exception, et intenter
ensuite l'action en garantie (3). — Si l'acheteur a
été en position d'usucaper, et a, par sa faute, em-
pêché l'usucapion de s'accomplir, il devra seul en

(1) Pomponius, L. 27, D. *de evict.*
(2) Papinien, L. 66, D. *de evict.*
(3) Ulpien, L. 17, D. *de evict.*

3

subir les conséquences (1). — Toutes ces règles, on le voit, ne sont que des applications du principe que nous avons posé plus haut.

Du même principe découle pour l'acheteur qui est troublé dans sa possession, l'obligation de prévenir son vendeur. S'il succombait, l'omission de cet avis lui serait imputée à faute. Dès que la demande est formée, il doit la dénoncer à son auteur, *litem denunciare, auctorem laudare*. Celui-ci sera dès lors à même d'intervenir au procès, et de produire les défenses nécessaires. Mais si l'acheteur n'a pu découvrir son vendeur, soit que celui-ci fût absent, soit qu'il se tînt caché pour n'être point averti, on ne peut lui reprocher aucune faute. La garantie lui est due : il suffit qu'il n'ait négligé aucun moyen pour arriver à une défense complète (2).

La dénonciation peut être faite au mandataire du vendeur (3). — Elle serait valablement notifiée au pupille (4). — Si le vendeur est un esclave, il recevra l'avis lui-même ; mais si l'esclave était mort, l'acheteur s'adresserait au maître (5). — S'il y a plusieurs vendeurs, chacun d'eux doit être averti ; mais il n'est pas nécessaire de

(1) Paul, L. 56, § 3, D. *de evict.*
(2) Ulpien, L. 55, § 1, et Paul, L. 56, § 5, D. *de evict.*
(3) Paul, L. 56, § 4, *ibid.*
(4) Paul, L. 56, § 7, *ibid.*
(5) Alfénus, L. 39, § 1, D. *de evict.*

dénoncer le trouble à la caution du vendeur (1).

Cette *laudatio* doit toujours être faite, à moins
d'une dispense expresse; elle doit l'être alors
même que le vendeur aurait d'autre part connaissance du procès (2). Croirait-il sa cause mauvaise,
l'acheteur n'en doit pas moins avertir son auteur
et défendre au procès : il ne lui appartient pas de
juger la cause : peut-être ignore-t-il des moyens
de défense que le vendeur aurait fait valoir. Il ne
lui est du reste imposé aucun délai; il suffit que
l'avis ne soit pas trop rapproché de la condamnation (3).

L'acheteur peut-il, s'il n'interjette pas appel,
recourir contre le vendeur? Si celui-ci est intervenu au procès, il peut, s'il le juge utile, user lui-
même de la voie d'appel; l'acheteur n'est donc pas
en faute. Mais si le vendeur n'a pas figuré dans
l'instance, quelques auteurs pensent que le défaut
d'appel entraînerait la déchéance de l'action en
garantie. Une loi donne à l'acheteur un recours,
bien qu'il ait négligé l'appel, lorsqu'il a été condamné *præsente venditore* (4). Donc, dit-on, il en
est déchu, *venditore non præsente*. Mais Cujas
fait remarquer que ces mots n'ont trait qu'à
la *laudatio auctoris*, et exigent seulement que

(1) L. 7, C. *de evict.*
(2) L. 20, C. *de evict.*
(3) Pomponius, D. 29, § 2, *de evict.*
(4) Modestin, L. 63, § 1, D. *de evict.*

l'acheteur ait rempli son devoir de *denunciare litem*.

Quand le vendeur est intervenu au procès pour défendre son ayant-cause, celui-ci ne pourrait pas faire statuer par le même jugement sur sa demande en garantie. La garantie n'est due qu'après l'éviction : or l'éviction ne sera réalisée qu'après une condamnation judiciaire mise à exécution. Il faudra donc toujours une seconde instance pour le recours en garantie.

CHAPITRE III.

A qui et contre qui est donné le recours en garantie?

I. L'action en garantie appartient à celui qui a figuré dans la vente en qualité d'acheteur, et qui subit une éviction. Mais il peut arriver que les conditions d'une éviction se trouvent réunies, si bien que l'éviction existe en elle-même, sans que pour cela l'acheteur ait un recours; il faut de plus que celui-ci soit lésé, qu'il ait un intérêt légitime à poursuivre le vendeur. L'hypothèse où l'éviction existe, c'est-à-dire où il y a un jugement de condamnation prononcé contre l'acheteur, et suivi d'exécution, sans cependant que l'acheteur se trouve lésé, peut se concevoir. Il suffit pour cela de se rappeler que le paiement de la *litis æstimatio* équivaut à la dépossession elle-même, pour caractériser l'éviction; or rien n'empêche le vendeur de payer, au nom de l'acheteur, cette *litis æstimatio*. L'acheteur est alors destitué de toute action,

car en réalité *habere rem licet* : il est donc désinté-
ressé (1).

Au contraire, si l'acheteur est lésé, s'il a un intérêt légitime à agir contre le vendeur, il n'est
pas nécessaire que la condamnation judiciaire
l'atteigne directement. — Supposons que Primus
vende un fonds à Secundus, qui à son tour le vend
à Tertius. Celui-ci est troublé par un tiers qui revendique le fonds ; il institue Secundus, son vendeur, *procurator in rem suam*, pour défendre au
procès. Secundus succombe et paie la *litis æstimatio*. Tertius, bien qu'il ait été condamné par le jugement, ne peut pas agir, car il n'a pas d'intérêt.
Mais Secundus, qui n'a pas été atteint directement
par le jugement, et qui n'a payé la *litis æstimatio*
qu'en qualité de *procurator* de Tertius, éprouve
une lésion ; car, *procurator in rem suam*, il n'a pas
l'action *mandati contraria* contre Tertius pour rentrer dans ses déboursés. Or il joue dans ses rapports avec Primus le rôle d'acheteur. Peut-il l'attaquer *ex stipulatu* en se fondant sur l'éviction ?
Non, car il n'a rien payé *evictionis nomine* ; la condition prévue dans la stipulation n'est donc pas
réalisée. Mais par l'action *empti*, qui n'est pas as-
treinte à la rigueur des formes, il obtiendra le
paiement de tout ce qu'il a déboursé. Car s'il n'y
a pas une éviction proprement dite, réalisée en

_____

(1) Ulpien, L. 21, § 2, D. *de evict.*

sa personne, il supporte véritablement le préjudice d'une éviction : *habere non licet*. Cette solution
est donnée par Papinien (1).

.Paul nous fournit un autre exemple du cas où
l'acheteur peut poursuivre son vendeur, à raison
de son intérêt, bien que les formes de l'éviction
fassent défaut(2). — Je suppose qu'une personne
achète un fonds, et que la vente soit garantie par
des fidéjusseurs. Cette personne vend ce même
fonds, et par la suite se trouve être l'héritier de
son acheteur; ou bien, à l'inverse, c'est l'acheteur
qui devient l'héritier de son vendeur. S'il survient une éviction, les fidéjusseurs qui garantis-
sent la première vente peuvent-ils être poursuivis?
J'estime qu'ils doivent l'être dans les deux cas. En
effet, quand le débiteur succède à son créancier,
ne se libère-t-il pas vis-à-vis de l'hérédité? Il est
vrai que nous ne trouvons pas ici un paiement
avec numération des espèces; la forme du paiement est absente; mais en réalité le paiement
existe. Le vendeur a-t-il succédé à l'acheteur?
L'hérédité qu'il recueille se trouve comprendre la
somme représentative de l'éviction, somme dont
est diminué le patrimoine du vendeur qui l'a
fournie. Est-ce l'acheteur qui succède au vendeur? il reçoit une hérédité sur laquelle a été
prise l'estimation du dommage causé par l'évic-

(1) Papinien, L. 66, § 2, D. *de evict.*
(2) Paul, L. 41, § 2, D. *de evict.*

tion, estimation qui, par un paiement fictif, est
entrée dans ses biens propres. Il y a donc une lésion dans les deux hypothèses: l'action en garantie sera donnée contre les fidéjusseurs. Si nous
supposons que la même personne a recueilli la
succession de l'acheteur et celle du vendeur, il
s'est opéré une confusion du même genre qui
appauvrit l'une des deux hérédités; les fidéjusseurs seront encore soumis au recours.

Dans les deux textes que nous venons d'analyser, l'acheteur a, dès à présent, un intérêt pécuniaire à intenter l'action en garantie. Nous
allons voir un cas spécial où l'intérêt de l'acheteur justifie suffisamment son recours en garantie pour le tout, bien qu'une partie seulement du
dommage retombe sur lui dès à présent, et que
son intérêt dépende pour partie d'une éventualité.
— Une femme s'est constitué en dot un fonds
qu'elle avait acheté; son mari en est évincé. La
femme n'a pas été évincée; mais elle souffre dès
à présent un préjudice partiel, car elle tirait profit de l'existence de sa dot dans les mains du mari.
Le préjudice complet ne doit l'atteindre que si
elle a droit plus tard à la restitution de sa dot;
elle peut néanmoins exercer son recours en garantie pour le tout dès à présent (1).

Quand c'est le père qui a constitué en dot un

(1) Pomponius, L. 22, § 1, D. de evict.

fonds vendu, les jurisconsultes romains lui accordent l'action en garantie, bien que son intérêt à agir soit purement éventuel, et quelquefois même ne soit qu'un simple intérêt d'affection. Un père a constitué en dot à sa fille un fonds qu'il a acheté, et le gendre a été évincé. Le père n'a aucun droit actuel sur le fonds; il a sur lui si peu de droit qu'il n'en devrait pas la *collatio* à ses frères s'il concourait avec eux à la succession de leur père commun, durant le mariage de sa prope fille; l'éviction ne froisse donc pas chez lui un intérêt actuel. Mais si la fille est encore en sa puissance, le père a un droit éventuel à la reprise de la dot lors de la dissolution du mariage. Ce droit purement éventuel lui permet d'attaquer son vendeur en garantie. — Si la fille est émancipée, le père n'a plus de droit sur la dot que dans un seul cas, celui où la fille mourrait *in matrimonio*. Ce droit est bien aléatoire. Le père aura cependant un recours si le fonds est évincé; son affection paternelle est jugée un intérêt suffisant: *quod magis paterna affectio inducit* (1).

Ces décisions des jurisconsultes sont d'autant plus remarquables, que dans toutes ces hypothèses, sauf la première, où l'acheteur a payé en qualité de *procurator* de son ayant-cause, ce n'est pas seulement l'action *empti* qui est donnée, mais l'ac-

(1) Paul, L. 71, D. *de evict.*

tion *ex stipulatu* elle-même. Nous devons confesser que la raison de cette différence entre la première solution et celles qui suivent nous échappe. Peut-être pourrait-on croire que l'action *ex stipulatu* n'est refusée au *procurator* que parce qu'il aurait accepté avant la condamnation la position dommageable qui lui interdit l'action *mandati contraria,* et que le préjudice éprouvé par lui ne proviendrait pas d'une éviction, mais du mandat onéreux qu'il a entrepris.

Les héritiers de l'acheteur peuvent, comme l'acheteur lui-même, exercer l'action en garantie. A part la réserve qui doit être faite pour ce que nous avons dit de la dot, chaque héritier peut agir pour sa part héréditaire. Au contraire, ceux qui succèdent à titre particulier n'auront cette action que si elle leur a été cédée. Cela résulte d'un passage de Pomponius, où ce jurisconsulte décide que le légataire évincé ne peut agir contre celui qui a vendu la chose au testateur, que si une cession d'action lui a été faite (1). Nous généralisons cette décision, et nous l'appliquons à tous les successeurs particuliers, à titre gratuit ou onéreux, sans distinction.

II. Le recours en garantie s'exerce contre le vendeur. Si la vente a été faite par un *procurator*, lui seul, dans le principe, était tenu de la garan-

_____

(1) Pomponius, L. 69, D. *de evict.*

tie; mais avec les progrès de la jurisprudence, les pouvoirs du *procurator præsentis* d'abord, puis ceux de tout *procurator* furent étendus, et on finit par donner une action utile *ex empto* contre le mandant lui-même.

Lorsque la vente avait été faite par un tuteur, le pupille pouvait être poursuivi (1). Nous voyons ici que l'action est donnée contre une personne autre que celle qui a joué le rôle de vendeur. Nous rencontrerons quelque chose d'analogue dans la vente du gage par le créancier gagiste.

Le créancier gagiste ou hypothécaire a le droit, sauf réserves pour l'étendue de ce droit aux différentes époques, de vendre la chose engagée ou hypothéquée. Si le *pignus* vendu est évincé, contre qui s'exercera le recours de l'acheteur?

Nous voyons d'abord, dans un texte de Paul (2) que la qualité prise par le créancier dans la vente exerce une influence sur les conséquences de cet acte. Elles seront différentes suivant que le créancier a fait ou non savoir à l'acheteur à quel titre il vend la chose, si c'est comme propriétaire, ou comme créancier gagiste, *jure communi* ou *jure pignoris*. Si le créancier a vendu le gage *jure communi*, il est d. is la position d'un vendeur ordinaire vis-à-vis de l'acheteur : il est donc soumis au recours en garantie.

(1) Ulpien, L. 4, § 1, D. *de evict.*
(2) Paul, L. 59, § 4, D. *mandati vel contr.*, 17, 1.

La vente produit encore les effets du droit commun, si, tout en faisant connaître sa qualité, le
créancier s'est obligé à la garantie. Le *pignus* est-
il évincé, l'acheteur a contre le créancier l'action
ex empto ou *ex stipulatu*. Mais en ce qui touche la
stipulatio duplæ, le créancier doit user d'une grande
prudence. S'il n'avait pas fait cette stipulation
tanquam bonus paterfamilias, mais sans nécessité
et à la légère, l'action *pigneratitia contraria* ne lui
assurerait pas son recours contre le débiteur constituant (1).

Si la vente a eu lieu *jure pignoris*, des difficultés
se présentent. Les auteurs sont d'accord pour reconnaître que le créancier vendeur n'est point
garant de l'éviction qui proviendrait d'un défaut
de droit dans la personne du constituant, si par
exemple le gage constitué *a non domino* était revendiqué après la vente. Cette règle, qui peut se
déduire du texte déjà cité de Paul, se trouve formulée dans un rescrit d'Alexandre Sévère (2). Le
fisc a vendu *jure pignoris : evictio non debetur, quia
et privatus creditor eodem jure utitur*. L'acheteur
évincé n'a donc pas de recours contre son vendeur. Mais est-il privé de toute garantie? Non :
il pourra attaquer le débiteur constituant par
l'action *pigneratitia contraria*, qu'il est en droit

---

(1) Ulpien, L. 22, § 4, D. *de pign. act.*
(2) L. 1, C. *Credit. evict. non debere*, 8, 46.

d'exiger du créancier vendeur (1), et par laquelle il obtiendra tout l'intérêt qu'aurait eu le créancier à ce que le gage ne lui fût pas enlevé.

Le dol seul ferait naître une action en garantie contre le créancier vendeur (2).

Arrivons à l'éviction provenant d'un défaut de droit dans la personne du créancier. Ici les interprètes se divisent : les uns ne voient pas de différence entre ce cas et le précédent; les autres, et nous nous rangeons à leur opinion, estiment que le créancier vendeur est garant de cette éviction.

Précisons l'hypothèse : le vendeur n'était pas réellement créancier, ou son droit de gage n'était qu'apparent, ou bien encore un droit préférable au sien grevait le gage vendu : dans ces conditions, disons-nous, l'acheteur peut, par l'action *empti*, exercer un recours en garantie contre le vendeur. Le rescrit d'Alexandre Sévère, cité plus haut, déclare que le fisc ne peut évincer du chef d'un créancier préférable, auquel il a succédé, celui auquel il a lui-même vendu *jure pignoris* le fonds hypothéqué : la raison qu'il en donne est la suivante : *quoniam hoc utique præstare debet qui pignoris jure vendit, potiorem se cæteris esse creditoribus.* Or cette obligation met le créancier dans la

---

(1) Ulpien, L. 38, D. *de evict.*
(2) Ulpien, L. 11, § 16, D. *de act. empti.*

nécessité de prouver qu'il est créancier, de plus qu'il a réellement un droit de gage, et enfin que son droit peut s'exercer en rang utile. Être contraint de faire cette preuve, n'est-ce pas être obligé à la garantie si l'éviction vient démontrer que les faits avancés étaient illusoires?

On objecte qu'Ulpien, parlant des cas où, par exception, le créancier est soumis au recours à cause de son dol, met sur la même ligne le défaut de droit dans la personne du créancier et le défaut de droit dans la personne du débiteur constituant. *Si sciens sibi non obligatam, vel non esse ejus qui sibi obligavit, vendiderit* (1). Si, dans le premier cas, le vendeur est tenu à cause de son dol, nous devons dire qu'en l'absence du dol, il n'est point soumis à la garantie.

L'objection a une grande force, il faut le reconnaître. Mais le rescrit de Sévère n'affirme-t-il pas la règle d'une manière absolue? Entre ces deux autorités, il faut donc choisir. Ulpien a pu, dans son énumération, laisser se glisser un exemple mal approprié à la règle. Il nous semble plus facile de négliger cette phrase incidente que le rescrit de l'empereur, lequel affirme une doctrine pour en faire le fondement de la solution qu'il donne à la question proposée. Nous inclinons d'autant plus vers ce choix, qu'il est en harmonie

_____

(1) Ulpien, L. 11, § 16, D. *de act. empt.*

avec les principes d'équité qui servent à interpréter la volonté des parties dans le contrat de
vente.

Le recours en garantie est donc, dans une opinion du moins, donné contre le créancier vendeur.
Nous avons vu plus haut qu'il peut être exercé,
dans une certaine mesure, contre le débiteur
constituant, au moyen de l'action *pigneratitia contraria* cédée à l'acheteur. Cette action est-elle la
seule qui soit donnée contre le débiteur? Il nous
semble que l'acheteur a de plus contre lui l'action
empti, non pas directe, mais donnée *utilitatis causâ*.
Un texte d'Hermogénien le décide positivement
pour le cas où le *pignus judiciale*, saisi par ordre
du magistrat, a été vendu (1). L'acheteur évincé
peut recourir *ex empto* contre le débiteur, jusqu'à
concurrence du prix qui a servi à la décharge de
ce débiteur. — Le débiteur n'est cependant pas
intervenu dans la vente; le gage n'a même pas
été constitué par lui, mais par l'autorité du magistrat. Cette décision a dû prendre naissance à
l'occasion du gage conventionnel, où le créancier, nanti du gage avec le droit de le vendre, a
pu être considéré comme un *procurator præsentis*,
institué pour la vente. On conçoit que la solution
ait d'abord été admise dans cette hypothèse, puis
étendue au *pignus judiciale.*

(1) L. 74, § 1, D. *de erict.*

Une différence existe toutefois entre les deux
cas; dans le premier, le débiteur a constitué vo-
lontairement le gage; il doit donc être tenu de
tout le dommage causé par l'éviction. On peut par
analogie déduire cette conclusion d'un texte où
Ulpien suppose que le gage, au lieu d'être vendu,
a été retenu en *datio in solutum* par le créancier,
et où il déclare le débiteur garant de l'éviction
pour le tout (1). — Au contraire, nous avons vu
Hermogénien, dans le cas où le *pignus* est *judiciale*,
ne donner l'action utile *ex empto* contre le débiteur
que dans la limite du prix employé à sa décharge;
c'est qu'en effet le gage n'a pas été constitué par
le débiteur : il a été saisi sur lui; peut-être même
a-t-il été vendu malgré son opposition (2).

L'action en garantie est exercée contre le vendeur par l'acheteur ou ses héritiers. De même les
héritiers du vendeur sont tenus de l'obligation
de garantie comme le vendeur lui-même. Mais
pour déterminer dans quelle mesure ils en sont
tenus, il faut distinguer si l'éviction est immi-
nente ou si elle est réalisée. Dans le premier cas,
l'obligation est de défendre : elle est indivisible,
chacun des héritiers est donc tenu pour le tout.
Dans le second cas, l'obligation se résout en une
prestation de dommages et intérêts; elle est divi-

(1) Ulpien, L. 24, pr., D. *de pigner. act.*
(2) Cette doctrine, sur la vente du gage, est emprunté
M. Labbé, *de la Garantie*, p. 45 et suiv.

sible : chacun n'est tenu que pour sa part héréditaire (1).

Lorsque l'acheteur est attaqué par les personnes
mêmes qui doivent la garantie, il peut se laisser
évincer, sauf à se faire ensuite indemniser. Mais
s'il préfère garder la chose, il peut paralyser la
revendication, par une demande en garantie im-
médiate, sous la forme d'une exception : *quem de
eviclione tenet actio, eumdem agentem repellit exceptio*.
Ce moyen lui est donné contre toute personne qui
lui devrait la garantie. L'exception peut donc
être opposée : 1° au vendeur, qui, devenu propriétaire postérieurement à la vente, voudrait revendiquer ; — 2° à l'héritier du vendeur, qu'il fût
propriétaire dès avant la vente, ou seulement depuis qu'il a succédé. Remarquons que la divisibilité de l'obligation ne peut être invoquée par l'héritier, car le devoir qu'on lui oppose, celui de
défendre, est indivisible ; — 3° aux fidéjusseurs
du vendeur ou à leurs héritiers. La loi 31, C. *de
evict.*, n'affranchit pas ces derniers de la garantie.
Cujas fait remarquer que cette loi reconnaît, il
est vrai, à l'héritier du fidéjusseur le droit de revendiquer ; mais que le but de la loi est précisément d'établir que l'acheteur évincé par cette revendication possible, peut, s'il a négligé l'exception, recourir à l'action en garantie.

(1) L. 85, § 5, D. *de verb. oblig.*

Cette exception de garantie présente ceci de remarquable, qu'elle peut même être opposée aux successeurs à titre particulier du vendeur, bien que personnellement ils ne soient tenus d'aucune garantie (1). Ainsi Titius vous a vendu et livré un fonds qui ne lui appartenait pas; plus tard, devenu propriétaire, il vend le même fonds à Mævius. Si celui-ci vous inquiète, vous le repousserez par une exception. En effet, Titius n'aurait pas pu vous évincer : l'exception *rei venditæ et traditæ* aurait paralysé sa demande. Si, rentré en possession, il avait opposé à votre demande l'exception *justi dominii*, vous auriez répondu victorieusement par la réplique *rei venditæ et traditæ*. Or Titius n'a pu transférer à Mævius plus de droits qu'il n'en avait lui-même sur le fonds. Vous aurez donc contre Mævius tous les moyens de défense qui vous sont donnés contre Titius, l'exception ou la réplique, suivant que vous serez défendeur ou demandeur (2).

(1) L. 3, § 1, D. *de except. rei vendit.*
(2) L. 1, § 32, D. *de doli mali et met. causa.*

CHAPITRE IV.

De l'objet de la condamnation dans l'action en garantie.

I. Deux actions, différentes dans leurs effets comme dans leur principe, servent de sanction à l'obligation de garantie : l'action *ex empto*, et l'action *ex stipulatu*. Nous traiterons séparément de l'objet de la condamnation dans chacune de ces deux actions. Parlons d'abord de l'action *ex empto.*

Toutes les obligations qui sont une suite naturelle du contrat de vente sont garanties par l'action *ex empto*. Du moment qu'il y a éviction, le vendeur a manqué à son obligation de procurer la possession de la chose; l'acheteur, dépouillé du bénéfice sur lequel il avait compté, a droit à un équivalent qui représente les avantages de l'exécution réelle du contrat. On peut poser en principe que la condamnation a pour objet, dans l'action *empti*, la réparation du préjudice causé par l'éviction. Pour en régler l'étendue, on recherchera la valeur de la chose vendue au moment de l'éviction, et cette valeur déterminera le montant des dommages et intérêts : ceux-ci se trouveront être, par conséquent, tantôt inférieurs, tantôt supérieurs au prix de vente.

Cette doctrine était universellement admise avant Dumoulin. Le premier, ce jurisconsulte la combattit, et en enseigna une nouvelle dont il prétendit trouver la consécration dans les lois romaines. Selon Dumoulin, il n'est pas vrai que dans tous les cas la condamnation soit proportionnée au préjudice. La garantie comprend deux objets distincts : l'un fixe et invariable, le prix de vente ; l'autre indéterminé et variable, le dommage causé par l'éviction. Le premier chef de la garantie est *perpetuum* : la chose vendue eût-elle diminué de valeur, le prix de vente doit toujours être restitué. Le second est appelé par Dumoulin *casuale*, parce qu'il dépend des circonstances : il n'est dû que si la chose a augmenté de valeur. Ce système a été adopté et défendu par Pothier (1) ; examinons sur quels principes il repose.

Dumoulin dit qu'il serait injuste que le vendeur conservât l'excédant du prix, si la chose avait diminué de valeur, car cet excédant serait entre ses mains à titre lucratif. — Veut-il dire que le prix lui aurait été payé sans cause ? que la dette de l'acheteur n'ayant d'autre cause que l'acquisition

_____

(1) Pothier, *Du contrat de vente*, n° 69.

de la chose vendue, n'a jamais eu d'existence, puisque la cause en était illusoire? que par conséquent le prix pouvait être répété? Mais c'est là une erreur. Le prix n'a pas été payé *ob causam futuram*, mais parce qu'il était dû : et cette dette n'avait d'autre cause que l'obligation contractée par le vendeur. Par le contrat de vente, il se forme deux obligations : celle du vendeur et celle de l'acheteur; chacune d'elles est la cause de l'autre. Dès qu'elles ont valablement pris naissance, elles sont désormais indépendantes l'une de l'autre. L'acheteur qui a payé le prix a rempli son obligation : ce paiement est définitif, car le paiement valablement fait d'une dette valable ne peut pas être répété.

Nous sommes dans l'hypothèse d'une vente valablement consentie *a non domino*. Nous avons vu que le Droit romain ne déclare pas nulle la vente de la chose d'autrui : c'est qu'en effet l'obligation du vendeur consiste non pas à transférer la propriété, mais à procurer la possession ou l'équivalent de cette possession. L'équité n'est nullement froissée de ce résultat; car l'acheteur retire de la vente tous les bénéfices que lui eût procurés l'exécution réelle du contrat qu'il a voulu former. Le vendeur profite, il est vrai, de la détérioration de la chose; mais n'aurait-il pas supporté la perte en cas d'augmentation de valeur?

Pothier se fonde surtout sur cette considéra-

tion que, l'éviction étant l'inexécution de l'obligation du vendeur, la vente doit être résiliée.
Cela est faux également. En Droit romain, la
condition résolutoire n'est pas sous-entendue dans
les contrats synallagmatiques; sur quoi s'ap-
puyer dès lors pour résilier un contrat valable?
C'est l'idée de Dumoulin reproduite sous une autre forme. La vente n'est ni nulle, ni résiliée : elle
l'est si peu, que Dumoulin et Pothier lui reconnaissent tous ses effets si la chose a augmenté de
valeur. Pour être logique, il faudrait soumettre
les deux cas à la même règle : pourquoi tantôt
nier, tantôt reconnaître l'existence de la vente?
L'acheteur aurait-il donc le choix de déclarer ou
non la vente résiliée, selon son intérêt? Malgré
l'autorité si grande des deux éminents jurisconsultes, il faut convenir avec Domat qu'il y a là une
pétition de principe.

A l'appui de son système, Dumoulin invoque
plusieurs textes où se trouve nettement marquée,
d'après lui, la distinction entre les deux objets de
la garantie. Paul suppose qu'un esclave encore
enfant a été vendu : l'acheteur a fait des dépenses
considérables pour son éducation. Cet esclave fait
reconnaître par le préteur qu'il avait reçu la liberté par fidéicommis. L'acheteur est donc évincé :
il poursuit son vendeur en garantie. La question
porte sur le quantum des dommages et intérêts.
Le jurisconsulte dit : Pour les frais d'éducation,

il y a lieu d'examiner; car ils rentrent dans
l'action *empti*, laquelle comprend non-seulement
le prix, mais tout l'intérêt qu'avait l'acheteur à ne
pas être évincé de l'esclave : *De sumptibus vero quos
in erudiendum hominem emptor fecit, videndum est ;
nam empti judicium ad eam quoque speciem sufficere
existimo : non enim pretium continet tantum, sed omne
quod interest emptoris servum non evinci* (1). N'est-il
pas clair, dit Dumoulin, que les deux objets sont
distingués? *non pretium tantum, sed omne quod interest.* Il y a bien deux objets séparés : le prix, sur
lequel ne porte aucun doute; les dommages et
intérêts, qui donnent lieu à une question *videndum est.* Voilà une règle générale sur laquelle repose la consultation de Paul.

Oui, sans doute, Paul se réfère à une règle
générale pour en faire l'application à un cas particulier. Mais quelle est l'espèce à juger? Celle où
des dépenses considérables ont donné une plus-
value à l'esclave. Dans ce cas la règle, avons-
nous dit, est que le vendeur doit tous les dommages et intérêts, excéderaient-ils même le prix
de vente. Paul a-t-il contredit notre proposition?
Nullement; il ne dit pas : « Le prix est dû dans
tous les cas. Or voyons s'il y a une plus-value,
car alors les dommages et intérêts pourraient
excéder le prix; » — mais : « Il y a une plus-va-

1) Paul, L. 43, *in fine*, D. *de evict.*

lue; elle rentre dans l'action *empti*, car cette action tend à la réparation du dommage, même au-delà du prix de vente. »

On voit, en lisant le passage qui fournit ce texte, quel est le sens du doute élevé par Paul à l'endroit des dépenses faites par l'acheteur. « Il y a lieu d'examiner, » dit le jurisconsulte; est-ce pour savoir s'il y a une plus-value? Non, la plus-value est certaine. Mais quoi donc? Si, dans le cas spécial qui se présente, la plus-value tout entière devra être comprise dans la condamnation, ou s'il n'est pas équitable de modérer les dommages et intérêts. C'est là ce qui fait question, ce qui préoccupe le jurisconsulte, ce qui est l'objet de sa décision. « Il y a lieu d'examiner, dit Paul, car si la plus-value était si excessive que le vendeur n'ait pu en prévoir une pareille, comme si, par exemple, l'esclave évincé était devenu un acteur en renom, après avoir été acheté pour un prix minime, il me paraîtrait contraire à l'équité de condamner le vendeur à des dommages et intérêts exagérés. » — N'est-il pas suffisamment démontré que Dumoulin force le sens des mots pour leur donner une portée qu'ils n'ont pas? Pour justifier sa théorie, qui heurte tous les principes du Droit romain, il devrait pouvoir indiquer un texte explicite et précis; celui qu'il invoque est au contraire si peu concluant en sa faveur, qu'il se prête même plus naturellement à la théorie contraire, dont il paraît ne présenter qu'une application.

Nous allons d'ailleurs trouver dans une autre loi de Paul, également invoquée par Dumoulin, une réfutation de son système qui nous paraît sans réplique. Cette loi devrait, comme la précédente, prouver qu'il y a deux objets distincts dans la garantie : elle traite séparément du prix d'abord, puis des dommages et intérêts qui excèdent : *Evictá re, ex empto actio non ad pretium duntaxat, sed ad id quod interest competit* (1). « En cas d'éviction, l'action *ex empto* comprend non-seulement le prix, mais tout l'intérêt de l'acheteur.» Ce sont, on le voit, les mêmes termes. Comme plus haut, nous pourrions faire remarquer que notre doctrine elle-même ne s'exprimerait pas autrement. Mais poursuivons, et le sens de cette loi va nous apparaître dans toute son évidence.— « Donc, si la chose a diminué de valeur, la perte sera pour l'acheteur. » *Ergo et si minor esse cœpit, damnum emptoris erit.* — Un parallèle est établi entre deux hypothèses. Y a-t-il augmentation de valeur? Action est donnée pour tout l'intérêt, même au-delà du prix de vente. Au contraire, y a-t-il diminution de valeur? Action est donnée seulement pour l'intérêt, par conséquent pour moins que le prix : *damnum emptoris erit.*

(1) Paul, L. 70, D. *de evict.*

Cette solution n'est toujours que l'application des principes. Nous savons, en effet, que depuis la vente consentie, les risques sont à la charge de l'acheteur; c'est pour lui que la chose s'améliore ou se dégrade. Périt-elle même entièrement par cas fortuit, il n'en doit pas moins payer le prix au vendeur. Nul ne le conteste. Or, donner le prix tout entier à l'acheteur, alors que la chose est dépréciée, ne serait-ce pas le décharger des risques? L'éviction serait donc pour lui une heureuse fortune. Ce qu'il a payé 100 ne vaut plus que 50. Il est évincé: rien de mieux, il réalise un bénéfice net de 50. Ce résultat est celui que Paul nous indique en ces termes : *damnum emptoris erit;* la perte sera pour l'acheteur. Il faut avouer que si telle est sa pensée, il a pris un singulier détour pour l'exprimer.

Cependant Dumoulin ne se rebute point. Paul, dit-il, ne prévoit point cette hypothèse; mais celle où la valeur de la chose, après avoir augmenté d'une manière très-considérable, a ensuite diminué, mais se trouve encore, au moment de l'éviction, supérieure au prix de vente. L'acheteur ne pourra pas réclamer la plus-value qui a cessé d'exister : il la perdra donc : *damnum emptoris erit.* La solution, dans l'hypothèse, est exacte, car les risques sont pour l'acheteur. Mais Paul n'aurait point pris la peine de dire cette vérité. Cette plus-value disparue ne pourrait être réclamée à aucun

titre ; elle n'a pas fait partie de la vente, et l'é-
viction n'en prive pas l'acheteur. Du reste, si
celui-ci en recevait l'estimation, il réaliserait un
gain véritable; mais ne pas la recevoir ne constitue pas une perte pour lui. Paul aurait commis
une erreur de langage, s'il avait dit, en visant
l'hypothèse où se place Dumoulin, *damnum empto-*
ris erit. Il n'y a aucun *damnum* pour l'acheteur.

Arrêtons-nous donc au sens naturel de la loi,
à celui qui de lui-même se présente à l'esprit. La
pensée évidente du jurisconsulte est celle-ci : La
réparation doit être proportionnée au préjudice,
et l'acheteur, qui supporte les risques, peut demander toute la valeur, mais jamais plus que la
valeur de la chose évincée. Cette doctrine est du
reste confirmée par un grand nombre de lois in-
sérées au Digeste. L'auteur même des textes que
Dumoulin veut plier à son système, Paul, nous en
fournit une où sa pensée est plus clairement encore formulée que dans les précédentes. Si l'esclave évincé, dit-il, a diminué de valeur entre les
mains de l'acheteur, l'indemnité subira la même
diminution : *Minuitur præstatio, si servus deterior*
apud emptorem effectus sit, quum evincitur (1). C'est
en vain que Pothier, à l'exemple de Dumoulin,
essaie de soutenir qu'il ne s'agit ici que d'une diminution de la plus-value. La généralité des ter-

(1) Paul, D. 45, pr., D. *de evict.*

mes employés résiste à cette interprétation. Paul
no s'occupe pas do savoir si la valeur de l'esclave
déprécié est inférieure ou supérieure au prix de
vente , mais seulement d'établir une proportion
exacte entre la valeur de l'esclave, telle qu'elle se
comporte au temps de l'éviction, et l'indemnité
due par le vendeur. C'est qu'en effet l'objet de la
garantie est unique; il n'importe pas de connaître
le prix de vente ; ce qui est dû par le garant, c'est
uniquement l'équivalent du dommage. Nous ne
citerons plus qu'une seule loi, dans laquelle la
doctrine de Dumoulin est démentie en termes for-
mels : *quanti tud interest rem evictam non esse, teneri,
non quantum pretii nomine dedisti, publice notum
est* (1). Vous avez droit non pas au montant du
prix que vous avez payé, mais à l'estimation du
dommage que vous a causé l'éviction : cela est
hors de doute. — Est-il possible d'être plus précis? Pothier cependant cherche encore à échapper à ce texte qui l'embarrasse. *Non quantum
pretii*, dit-il, doit être ainsi compris : *non solum
quantum pretii.* Mais qui ne voit que cette correc-
tion, purement arbitraire, ne peut avoir aucune
autorité?

Il nous paraît inutile de pousser plus loin cette
discussion déjà trop longue peut-être. Tous les
auteurs aujourd'hui sont d'accord pour reconnaî-

(1) L. 23, *in fine*, C. *de evict.*

tre l'erreur de Dumoulin. Si nous avons cru devoir nous en occuper avec quelque développement, c'est à cause du grand intérêt historique qu'elle présente. En effet, cette erreur, adoptée et défendue par Pothier, est devenue article de loi dans la législation française.

Nous admettons donc comme objet unique de la condamnation la réparation du dommage causé par l'éviction. Par conséquent, ainsi que nous l'avons établi, si la chose a subi une dépréciation, le vendeur ne devra rembourser à l'acheteur que la valeur de cette chose au moment de l'éviction. Il sera vrai alors de dire que, depuis la vente, la chose vendue aura été aux risques de l'acheteur. A l'inverse, si, au jour de l'éviction, elle se trouve avoir augmenté de valeur, la condamnation comprendra cette augmentation, car l'acheteur doit être maintenu dans la position que lui aurait donnée l'exécution réelle du contrat.

Il nous faut ici entrer dans quelques détails sur les prestations qu'embrasse l'indemnité due par le vendeur. L'acheteur doit recevoir en argent ce qu'il ne peut conserver en nature. Le fonds est-il accru par alluvion, ou bien l'usufruit dont la chose était grevée a-t-il fait retour à la propriété, l'alluvion et l'usufruit doivent entrer en ligne de compte (1). Il en sera de même des acqui-

(1) Paul, L. 15, D. *de erict.* — L. 16, pr., C. *de erict.*

sitions faites par l'esclave vendu, du part, ou de l'hérédité à laquelle l'esclave aurait fait addition *jussu emptoris* (1).

Quand l'acheteur a fait sur la chose des dépenses d'amélioration, il est indemnisé à raison, non pas des dépenses faites, mais de la plus-value obtenue. Il recevra donc tantôt plus, tantôt moins qu'il n'a déboursé : plus, si l'augmentation de valeur résultant de ses travaux est supérieure aux dépenses; moins, si elle est inférieure. L'éviction en effet ne prive pas l'acheteur de l'excédant de ces dépenses sur la valeur obtenue : la perte existait avant l'éviction. Toutefois la règle qui exige que l'acheteur soit rendu indemne, reçoit un tempérament dans les lois romaines. Lorsque la plus-value est excessive, et telle qu'elle n'a pu entrer dans les prévisions du vendeur, les dommages et intérêts sont modérés équitablement. Nous avons vu déjà une réduction de ce genre dans une consultation de Paul. On finit par fixer une limite qui ne pourrait être dépassée. L'acheteur ne pourra réclamer au-delà du double du prix (2).

Nous savons que l'acheteur ne peut recourir contre le vendeur, qu'autant qu'il est exempt de faute relativement au dommage dont il se plaint. Ce principe peut modifier notre règle sur l'in-

(1) Julien, L. 8, D. *de evict.*
(2) LL. 43 et 44, D. *de act. empt.*

demnité due pour les dépenses d'amélioration.
Supposons que le vendeur, encore en possession
au moment du trouble, ait joué le rôle de défendeur au procès en revendication. Le possesseur qui a fait sur la ch..e d'autrui des dépenses
nécessaires à sa conservation, doit en être remboursé par le propriétaire. S'il a fait des dépenses
utiles, il peut réclamer tout ce qui enrichirait le
propriétaire à ses dépens : la plus-value, si elle
est inférieure aux dépenses; les dépenses, si la
plus-value produite leur est supérieure. Une exception de dol est donnée au possesseur pour repousser le propriétaire qui voudrait rentrer en
possession sans faire les restitutions exigées. Si
l'acheteur a négligé cette exception, il a commis
une faute dont il doit seul supporter les conséquences. — Il en serait de même si, par *injuria
judicis*, il n'était pas tenu compte de l'exception
opposée : c'est un cas fortuit pour le vendeur.

Tous les frais occasionnés par le procès qui a
entraîné l'éviction sont dus à l'acheteur, car il
doit être rendu indemne. Mais un trouble mal
fondé ne saurait engager la responsabilité du
vendeur, à l'égard duquel le fait d'autrui est un
cas fortuit.

Les mêmes règles recevront leur application
dans le cas où l'éviction, au lieu d'être totale, est
partielle. Mais une différence existe dans la manière de procéder à l'estimation selon que l'évic-

tion partielle porte sur un *certus locus, pro diviso,*
ou sur une part indivise, *pro indiviso* (1). Si un
certus locus est évincé, on l'estime *pro bonitate
loci,* et sa valeur fixe le montant de l'indemnité.
Le vendeur ne pourrait exciper de ce que, malgré
l'éviction, l'acheteur se trouve cependant nanti
de la quantité indiquée au contrat. Je vous vends
tel fonds, et je déclare qu'il est d'une contenance
de cent arpents, tandis qu'en réalité il en contient
davantage. Une éviction partielle survenue, le
fonds comprend encore cent arpents. Vous aurez
néanmoins votre recours contre moi : car, en con-
tractant, nous avons eu en vue le fonds dans son
ensemble, plutôt que sa contenance (2). — Si l'é-
viction a lieu *pro indiviso,* pour connaître la valeur
de la partie évincée, il faut estimer la chose entière au moment de l'éviction : l'indemnité, *pro
quantitate evictæ partis,* sera d'une fraction de cette
estimation proportionnelle à la fraction évincée.

Si l'éviction partielle enlève au vendeur l'usufruit de la chose vendue, l'indemnité sera calculée *pro bonitate fructuum* (3). — Toutes ces règles
n'offrent point de difficultés : ce sont autant d'applications du principe qui exige que l'acheteur
soit indemne.

Nous rappellerons en terminant que la *stipulatio*

(1) Ulpien, L. 1, D. *de evict.*
(2) Alfénus, L. 45, D. *de evict.*
(3) Paul, L. 13, § 1, D. *de evict.*

duplæ ayant fini par être sous-entendue dans la vente, on pouvait par l'action *ex empto* obtenir le double qu'eût procuré l'action *ex stipulatu*. Mais il fallait pour cela que la vente fût de nature telle que la stipulation du double y fût d'usage. De plus, cet effet de l'action *empti* ne pouvait se produire que dans les cas où l'action *ex stipulatu* était elle-même ouverte : les conditions rigoureuses de l'éviction judiciaire étaient alors exigées.

Il ne faudrait pas croire que dans tous les cas l'action *ex empto* pût suppléer la *stipulatio duplæ* pour cela seul que la stipulation était d'usage dans la vente intervenue. Il est probable qu'on ne lui reconnaissait cette vertu que si elle était exercée dans un délai qui permit raisonnablement de croire que l'acheteur avait, par mégarde, omis de réclamer la promesse du double. L'acheteur, on ne l'a pas oublié, pouvait, par l'action *empti*, poursuivre le vendeur pour obtenir la *repromissio;* mais cette faculté n'était pas perpétuelle dans sa durée. Celui qui l'avait négligée était censé y avoir renoncé. Or il eût été inutile de s'engager dans cette instance, si l'avantage qu'on en devait retirer avait été accordé également à ceux qui négligeaient cette précaution.

Dans le cas où le vendeur, actionné par l'acheteur, refusait la stipulation, la condamnation assurait à celui-ci les avantages que lui eût procurés la stipulation elle-même. Elle n'entraînait donc pas un paiement immédiat du double (1).

II. Une dernière question reste à résoudre. Quel est l'objet de la condamnation dans l'action *ex stipulatu*? Nous savons que la base de cette action était une stipulation intervenue au moment du contrat, et par laquelle le vendeur promettait à l'acheteur de lui payer une somme déterminée, si une éviction venait le dépouiller de la chose vendue. L'acheteur était donc créancier de cette somme sous condition suspensive. Lorsque la condition était réalisée, l'action *ex stipulatu* était ouverte pour réclamer la somme précédemment fixée. Le plus souvent cette somme était le double du prix de vente : de là, le nom de *stipulatio duplæ*. Mais elle pouvait être ou supérieure ou inférieure. La stipulation était même quelquefois faite au simple : son utilité se présentait dans le cas où la chose aurait diminué de valeur. L'usage de cette stipulation est une preuve nouvelle de l'erreur dans laquelle est tombé Dumoulin, en soutenant que le prix devait toujours être restitué dans l'action *empti*.

La stipulation étant une convention intervenue entre les parties, n'avait d'autres limites que leur volonté. La règle qui fixe au double le maximum des dommages et intérêts obtenus par l'action *empti* est ici sans application. Le même motif d'é-

---

(1) V. sur ce point M. Labbé, *De la garantie*, page 10 et suiv.

quité n'existe plus : en effet, par cela même que
le vendeur a promis d'avance le quadruple, il est
prouvé qu'il a pu prévoir un dommage se montant au quadruple du prix. Il ne faut donc pas,
ainsi que l'a fait Noodt, transporter dans cette
matière un principe qui est particulier à l'action
empti. Les écrits des jurisconsultes romains font
foi que la stipulation était quelquefois du triple,
et même du quadruple (1).

L'action *ex stipulatu* est une *condictio certi* de la
somme promise. Il n'y a donc pas lieu de rechercher la valeur actuelle de la chose évincée. Cette
règle est d'une vérité absolue en ce qui touche
l'éviction totale. La chose qui était la représentation du prix est-elle enlevée, le double de prix est
dû. Une augmentation ou une diminution de
valeur ne saurait influer sur l'obligation contractée *verbis* (2).

Lorsque l'éviction est partielle, comment déterminer la prestation? Le principe peut ainsi se
formuler : Il faut rechercher pour combien la
portion évincée rentrait dans le prix de vente : le
vendeur devra *ex stipulatu* le double de la part du
prix afférente à cette portion.

Ce principe résulte des lois romaines qui régissent la stipulation. Voyons comment nous en
devrons faire l'application dans les différentes

(1) LL. 6 et 56, D. *de evict.*
(2) Papinien, l. 64, pr., D. *de evict.*

hypothèses qui peuvent se présenter. Nous n'aurons pour cela qu'à suivre Papinien, qui s'est occupé de cette question.

Si un fonds est vendu, et que l'éviction partielle enlève à l'acheteur un *locus certus,* lors même que la contenance aurait été indiquée au contrat, il n'y a pas de proportion à établir entre la contenance de la région évincée et celle du fonds entier. On doit rechercher, *pro bonitate regionis,* pour combien cette région entrait dans le prix de la vente : le vendeur paiera le double. Que le fonds ait été ou non augmenté ou diminué, la règle est la même. On considère ce *locus certus* comme l'objet d'une vente particulière, dont une éviction totale priverait l'acheteur. (Loi 64, § 3. D. de evict.)

Nous arrivons à l'éviction partielle *pro indiviso :* parcourons les espèces prévues par Papinien.

1° Un fonds de mille arpents a été vendu. La rivière en a enlevé deux cents. L'acheteur est ensuite évincé par une personne qui se prétend co-propriétaire pour un quart. Il perd donc deux cents arpents sur les huit cents qui restaient. Aura-t-il droit au quart du prix de vente? Non, car il n'a perdu *par l'éviction* que deux cents arpents. Or ces deux cents arpents ne correspondaient pas au quart du prix, lors de la vente, mais seulement au cinquième, car il y avait mille arpents. Le vendeur sera donc tenu de payer au double le cinquième du prix de vente. — Quant aux deux cents arpents enlevés par la rivière, ils constituent une perte fortuite supportée par les co-propriétaires. (L. 64, pr.)

2° Au lieu d'entamer le fonds, la rivière l'a augmenté par alluvion de deux ceux arpents : une éviction *pro indiviso* vient enlever à l'acheteur le cinquième du fonds ainsi accru. La perte est de deux cent quarante arpents. Faudra-t-il calculer la prestation due par le vendeur sur l'éviction de ces deux cent quarante arpents? Non, car le vendeur n'est pas responsable *ex stipulatu* de l'éviction de l'alluvion. Sur l'accroissement de deux cents arpents, l'acheteur en perd quarante; sur le fonds, objet de la vente, il en perd deux cents. Ces deux cents ont figuré dans le prix pour un cinquième; c'est donc uniquement le cinquième du prix que le vendeur devra payer au double. — (L. 64, § 1.)

3° Après la vente, la rivière a diminué le fonds de deux cents arpents, puis, dans une autre partie, elle a produit un accroissement de deux cents arpents. Survient une éviction du cinquième. Dans quelle proportion le vendeur sera-t-il tenu? L'acheteur a perdu deux cents arpents, c'est-à-dire le cinquième du fonds actuel, et le quart du fonds tel que l'avait diminué la rivière. L'action *ex stipulatu* ne portera cependant ni sur le cinquième, ni sur le quart du prix de vente. En effet, la perte n'atteint pas seulement le fonds vendu, mais aussi l'alluvion : or nous avons vu que le vendeur n'est pas responsable de la perte de l'alluvion. Il faut donc établir une proportion pour savoir combien d'arpents ont été enlevés sur les huit cents, combien sur l'accroissement. Nous trouverons ainsi que quarante arpents doivent être imputés sur l'alluvion : l'éviction n'a donc enlevé sur le fonds vendu que cent soixante arpents. La stipulation n'est par conséquent commise que pour la part du prix qui correspondait à cent soixante arpents : c'est cette part que le vendeur devra payer au double (L. 64, § 2).

Par les exemples qui précèdent on voit que la règle : *præstatio evictionis non augetur aut minuitur ex eo quod rei venditæ accessit aut decessit,* vraie en cas d'éviction totale, cesse de l'être en cas d'éviction partielle. Sans doute l'obligation du vendeur ne peut jamais être rendue plus onéreuse par l'accession ; mais elle est diminuée quand la perte doit, comme dans l'éviction partielle *pro indiviso,* se répartir sur le fonds vendu et sur l'accession.

Ainsi le seul principe sur lequel Papinien s'appuie dans la loi que nous avons analysée, est celui-ci : Recherchez quelle portion de la chose vendue a été évincée : cette portion fixée, le vendeur paie au double la portion du prix qui lui correspond, sans d'ailleurs examiner si les choses ont actuellement une valeur vénale plus considérable ou moindre qu'au temps de la vente. On conçoit facilement la raison du procédé qui fractionne ainsi le prix pour déterminer le montant de la prestation. Le vendeur a fixé d'avance au double du prix les dommages et intérêts qu'il aurait à payer dans le cas où la chose entière serait évincée. Pour connaître dans quelle proportion cette estimation à forfait s'applique à l'éviction partielle, on est nécessairement amené à faire la ventilation eu égard à la valeur au temps de la vente. Si une partie seulement de la chose est frappée par l'éviction, c'est le double du prix correspondant à cette partie qui représente les dommages et intérêts fixés par la stipulation.

DROIT FRANÇAIS.

—

PRÉLIMINAIRES.

L'ancienne jurisprudence avait, sauf quelques différences de détail, adopté le contrat de vente tel qu'il existait dans le droit romain. Mais, en passant dans le droit actuel, ce contrat a subi une modification importante. D'après les idées nouvelles, la convention n'est plus seulement créatrice d'obligations, elle a en outre le pouvoir de transférer la propriété. « La convention de livrer, dit le Code, rend le créancier propriétaire (1138). » Un vestige du droit romain se retrouve cependant dans la théorie moderne; on ne supprime pas en principe la nécessité de la tradition, mais on la suppose consentie et acceptée, et on n'exige pas dès lors « une autre tradition (938). » Comme on le voit, ce n'est là qu'une affaire de mots; en réalité la translation de propriété est opérée par la seule volonté des parties. On conçoit

l'influence que cette théorie a dû exercer sur la
vente : la convention de livrer, et par suite l'obligation de livrer, ne s'applique plus uniquement à
la paisible possession, mais à la propriété elle-
même de la chose vendue. La propriété, du moment que la vente est parfaite, passe du vendeur
à l'acheteur : « elle est acquise à l'acheteur, dit le
Code, dès qu'on est convenu de la chose et du
prix (1583). » Si donc le vendeur n'a pas la propriété de la chose, il ne peut remplir complète-
ment son obligation de livrer, car il ne peut
transférer la propriété. Aussi le Code déclare-t-il
nulle la vente de la chose d'autrui (1599).

Voilà une différence fondamentale : nous verrons cependant que les effets des deux doctrines ne sont pas aussi dissemblables que paraîtrait l'indiquer la contradiction de leur principe.

Sauf la modification apportée à l'obligation de
procurer à l'acheteur la possession, le vendeur
est soumis aux mêmes obligations qu'en droit
romain. Il doit être exempt de dol et garantir son
acheteur.

La première de ces deux obligations n'est pas
écrite au Titre de la Vente. Mais il est dit d'une
manière générale : « Toutes conventions doivent
être exécutées de bonne foi (1134); » en effet, la
distinction existant autrefois entre les obligations
régies par la bonne foi et celles qui sont *stricti
juris* a disparu. Une seule conséquence du prin-

cipe est formulée ici par le Code : le vendeur doit
s'abstenir, relativement à la chose vendue, des
déclarations ambiguës qui pourraient tromper
l'acheteur : sous l'empire de cette idée, la loi interprète contre le vendeur tout pacte obscur ou
ambigu (1602).

L'obligation de garantie est également imposée au vendeur. Celui-ci doit défendre l'acheteur lorsqu'il est inquiété par des tiers ; il doit,
s'il ne parvient pas à le maintenir en possession,
l'indemniser du dommage que lui cause l'éviction. Le recours de l'acheteur, suite naturelle du
contrat de vente, tire son origine de l'action
ex empto des Romains.

Nous voyons donc la vente de la chose d'autrui, déclarée nulle, produire les mêmes effets
qu'en droit romain : c'est qu'en effet, outre la
translation de propriété, la vente fait naître à la
charge du vendeur l'obligation de maintenir la
paisible possession : c'est l'inexécution de cette
obligation qui soumet le vendeur au recours.
Toutefois les principes nouveaux établissent entre
les deux doctrines une différence d'un grand intérêt. En droit romain et dans l'ancienne jurisprudence, la juste crainte d'éviction ne donnait
pas à l'acheteur le droit d'attaquer le vendeur ;
car, ainsi que nous l'avons vu, celui-ci n'était
pas obligé de transférer la propriété : il n'était
tenu que de livrer la paisible possession ; en sorte

que l'acheteur, tant qu'il n'était pas réellement troublé, n'était pas fondé à se plaindre. Au contraire, du moment que la vente de la chose d'autrui est nulle, l'ancienne règle n'est plus applicable. Lorsque l'acheteur acquiert la connaissance de faits ou d'actes tels qu'il doit être infailliblement évincé le jour où des tiers voudront exercer leurs droits, bien que le trouble ne soit pas encore réalisé, il peut néanmoins demander la résolution de la vente. Il est dès lors évident, puisque nous supposons la propriété non transférée, que la vente n'a pas produit son effet. Nous nous contenterons de signaler cette différence, sans nous y arrêter, car elle a trait à l'action en résolution qui ne rentre pas dans le cadre que nous nous sommes tracé.

Le recours de l'acheteur a deux chefs, de même qu'en droit romain : il s'exerce aussi bien à raison des vices cachés de la chose vendue, qu'à raison de l'éviction : ainsi que dans la première partie de ce travail, nous nous occuperons uniquement de la garantie due en cas d'éviction.

CHAPITRE I.

Quelles évictions donnent lieu au recours en garantie.

1. Le mot éviction a, dans le droit français, le sens le plus large : il peut comprendre tous les cas où l'acheteur ne conserverait pas la chose en vertu de la vente. Ainsi, quand je deviens l'héritier, le donataire ou le légataire du propriétaire véritable, je ne suis pas en réalité privé de la possession ; mais je ne la conserve plus en vertu de la vente, je possède comme héritier, donataire ou légataire. De même, si, pour conserver le fonds que j'ai acheté, j'en paie le prix une seconde fois, soit au propriétaire, soit au créancier à qui le fonds est hypothéqué ; bien que je conserve la possession, je n'en suis pas moins évincé.

L'éviction peut être totale ou partielle ; enlever à l'acheteur tout ou partie de ce que la vente devait lui transmettre : dans les deux cas le recours en garantie est ouvert.

Elle peut résulter soit de l'action d'un tiers qui dépouille l'acheteur déjà mis en possession ; soit de la résistance que celui-ci rencontre lorsqu'il

attaque un détenteur de la chose : les effets produits sont les mêmes.

Le recours en garantie n'est ouvert que si l'é-
viction procède d'une cause antérieure à la vente,
à moins qu'elle ne résulte d'un fait du vendeur.
En effet, former une demande en garantie, c'est
se plaindre de l'inexécution de l'obligation du
vendeur : or celui qui a transmis un droit complet sur la chose a satisfait à son engagement.
Mais il n'est pas nécessaire que le droit qui a
donné lieu à l'éviction ait existé dans sa perfection au moment du contrat : il suffit que le germe
en soit antérieur à la vente. Si l'éviction provient
de l'accomplissement d'une condition résolutoire,
qui rétroactivement détruit les droits du vendeur
sur la chose vendue, la cause aura été antérieure
à la vente, bien que la condition ne se soit réalisée
qu'après. Pothier donne pour exemple le cas où
la chose vendue avait été l'objet d'une donation
qui se trouve révoquée pour survenance d'enfant.
Si la donation était sujette à réduction, l'acheteur
du bien donné que la réduction viendrait atteindre, serait de même évincé pour une cause
antérieure à la vente. Ainsi encore, quand l'acheteur est évincé par suite de la surenchère qu'un
créancier hypothécaire exerce selon son droit, la
cause de l'éviction est non pas la surenchère, fait
postérieur, mais l'hypothèque grevant l'immeuble, qui est antérieure à la vente. Dans toutes

ces hypothèses, le vendeur doit la garantie.

Au contraire, il ne saurait être responsable des droits qui peuvent prendre naissance après la vente sans sa participation : ce sont pour lui des cas fortuits. Pothier cite le fait du prince qui exproprie l'acheteur du fonds vendu pour établir un chemin : il y a là un cas fortuit qui demeure à la charge de l'acheteur. De nos jours le fait du souverain, ou de quelqu'une des autorités dépositaires du pouvoir public, peut également amener l'éviction. Il peut arriver que le pouvoir, usant ou abusant de son autorité, révoque, supprime ou modifie les droits des particuliers, comme dans le cas d'une expropriation pour cause d'utilité publique. On admet généralement que le vendeur ne doit pas alors la garantie, car la cause de l'éviction, postérieure à la vente, ne lui est pas imputable : ce principe est appliqué alors que l'État est lui-même vendeur (conseil d'État, 29 novembre 1855). Mais si l'acte du prince se borne à déclarer un droit préexistant, par exemple la nullité de la donation portant sur un domaine de l'État, et qui a été faite par un possesseur temporaire du pouvoir, il a été jugé que la garantie était due (Cassation, 14 avril 1830). Nous n'aborderons pas l'étude de ces questions qui, on le voit, rentrent dans le domaine du droit public.

Nous avons fait une réserve relativement aux causes postérieures à la vente qui seraient impu-

tables au vendeur. La bonne foi oblige ce dernier
à s'abstenir de tout acte qui apporterait un trouble
à la possession de son acheteur. Si donc, après
vous avoir vendu un immeuble, je le vendais à
un second acheteur qui ferait transcrire son
titre avant vous, vous seriez évincé, et je vous
devrais la garantie, bien que le droit du second
acheteur ne fût né qu'après la vente conclue entre
nous.

De même le vendeur serait tenu à la garantie
s'il avait provoqué l'acte de l'autorité qui a réalisé
l'éviction. Ainsi lorsqu'une usine soumise de fait
à un certain régime des eaux a été vendue,
le vendeur ne peut pas, dans un intérêt personnel, provoquer un changement dans ce régime; il ne peut pas même requérir l'exécution
d'un arrêté administratif modifiant le régime des
eaux, et qui n'était pas appliqué (Cassation,
8 janvier 1851). On objecterait en vain que l'ad-
ministration eût pu d'office mettre à exécution
le règlement : il y a de la part du vendeur un
fait personnel dont il est garant.

Une seconde exception vient s'ajouter à la précédente. En droit romain le vendeur n'était pas
responsable de l'erreur ou de l'injustice du juge.
Pothier appliquait encore cette maxime qui faisait d'un jugement mal fondé un cas fortuit.
Cette doctrine ne saurait être admise aujourd'hui.
Toute décision judiciaire qui a force de chose

jugée est légalement une vérité, si fausse qu'elle
puisse être en fait. Si donc l'acheteur, ayant mis
en cause son vendeur, est à l'abri de tout reproche, il aura, en cas d'éviction, le recours en
garantie.

Une question s'est élevée à l'occasion de la
prescription commencée avant et qui ne s'est
accomplie qu'après la vente. Faut-il dire que la
prescription rétroagissant au jour où elle a com-
mencé, il n'y a jamais lieu à la garantie? Ou bien
que la prescription n'étant complétée, n'existant
par conséquent qu'après la vente, l'acheteur serait toujours dépourvu du recours? Il nous semble que les deux solutions doivent être repous-
sées; la question ne peut être résolue *à priori;* elle
revient à savoir lequel du vendeur ou de l'acheteur a, par sa négligence, laissé s'accomplir la
prescription; le temps qui restait à courir sera
pris en considération. Ce n'est donc que l'appréciation des circonstances qui doit guider le juge.
Si, au moment de la vente, le tiers qui a prescrit
n'avait qu'une possession de quelques années,
l'acheteur, qui pouvait arrêter l'usurpation, est
en faute s'il a laissé s'accomplir la prescription.
Or nous verrons que, d'après un principe général, la garantie cesse lorsque l'éviction résulte
du fait ou de la faute de l'acheteur.

Devrons-nous appliquer les règles de la garantie dans les ventes sur expropriation forcée aussi

6

bien que dans les ventes volontaires? Si nous supposons une vente faite judiciairement sur saisie immobilière, l'adjudicataire évincé par un tiers aura-t-il un recours en garantie? La raison de douter est que l'on n'aperçoit pas facilement qui joue ici le rôle de vendeur; en effet, nous sommes en présence d'un acte d'aliénation consenti non par le possesseur de l'immeuble, mais par la justice. Le débiteur saisi subit une nécessité, peut-il néanmoins être assimilé au vendeur? D'autre part, l'adjudication a été provoquée par un créancier poursuivant. Celui-ci ne doit-il pas, à raison de son initiative, être garant de l'éviction? Sur les deux questions les auteurs sont divisés.

À l'égard du créancier poursuivant, l'adjudicataire pourrait, suivant quelques auteurs, agir contre lui en garantie, parce qu'il est en quelque sorte vendeur, puisqu'il a poursuivi et fait prononcer l'adjudication. Plusieurs arrêts ont confirmé cette doctrine. Mais il paraît évident, et la jurisprudence reconnaît aujourd'hui, avec la majorité des auteurs, que le créancier ne joue pas le rôle d'un vendeur. Il s'est adressé à la justice pour enlever au débiteur sa chose, la convertir en argent, et obtenir son paiement; mais ce n'est pas lui qui a vendu, c'est la justice; il n'y a donc rien ici qui puisse le rendre passible d'une action en garantie.

L'adjudicataire évincé peut-il traiter le débiteur saisi comme un vendeur? La négative, admise dans l'ancien droit, compte encore aujourd'hui un grand nombre de partisans. Nous avons vu le droit romain, dans le cas d'éviction du *pignus judiciale*, ne donner l'action contre le débiteur que jusqu'à concurrence du prix qui a tourné à sa décharge. Pothier reproduit cette solution, et son opinion est suivie par plusieurs jurisconsultes. Ainsi, d'après Pothier, l'adjudicataire a bien un recours contre le débiteur, mais ce n'est pas une action en garantie; c'est une sorte d'action de gestion d'affaires limitée au profit que le débiteur a retiré de l'opération. L'action en garantie est refusée parce que, dit-on, l'obligation de garantie implique nécessairement l'existence préalable d'une vente. Or la vente, dans l'hypothèse, n'est pas le fait du saisi; elle a lieu sans sa participation; c'est la justice, non le saisi, qui consent à la vente.

Malgré les grandes autorités dont s'appuie l'opinion précédente, nous préférons nous ranger à celle qui reconnaît à l'adjudicataire un véritable recours en garantie. Si le débiteur saisi n'a pas consenti à la vente, il a su du moins qu'elle avait lieu, et en se donnant, même de bonne foi, le titre de propriétaire, alors qu'il ne l'était pas, il s'est placé vis-à-vis de l'adjudicataire dans la position d'un vendeur; il s'est procuré le même

avantage qu'un vendeur, et a soumis l'adjudicataire au dommage qu'éprouve un acheteur lorsqu'il traite avec un non-propriétaire. A la vérité
c'est la justice qui a consenti à la vente; mais elle
n'est ici que la mandatrice du débiteur. Celui-ci,
en s'obligeant, n'a-t-il pas accordé à ses créanciers le droit de faire ainsi vendre ses biens en
son nom? En s'adressant à la justice, les créanciers n'ont eu d'autre but que de faire reconnaître et confirmer un droit qui émanait de la
volonté du débiteur. Le rôle de la justice s'est
donc borné à accomplir le mandat de vendre au
nom du débiteur. Si la règle était différente en
droit romain, c'est que la vente du *pignus judiciale* était faite sans aucune participation du saisi.
Au contraire, d'après les dispositions du Code de
procédure, le saisi est lié à la vente. Celle-ci lui
est dénoncée (677), et il est sommé d'assister à
la lecture du cahier des charges (691). On ne peut
donc pas dire, comme en droit romain, qu'aucun acte de sa part ne l'ait présenté comme propriétaire; son silence n'est-il pas un aveu suffisant qu'il se reconnaît cette qualité?

Nous dirons donc, pour résumer l'opinion à
laquelle notre choix s'est arrêté : la garantie a
lieu dans les ventes sur expropriation forcée, aussi
bien que dans les ventes volontaires; mais elle ne
peut être exercée que contre la partie saisie, et
non contre le créancier poursuivant.

Nous avons supposé, pour refuser le recours en garantie contre le créancier, que l'adjudicataire était évincé par un tiers; l'immeuble était donc possédé *a non domino*, ou bien il était grevé, dans les mains du saisi, d'un droit de résolution ou d'hypothèque. L'éviction pourrait encore résulter d'une irrégularité, d'un vice de procédure imputable au créancier poursuivant, vice qui entraînerait la nullité de l'adjudication. Faut-il dire, ainsi que l'ont fait plusieurs arrêts, que l'adjudicataire ait dans ce cas un recours en garantie contre le créancier? Nullement; il y aurait là une confusion. Le créancier est tenu non pas de l'action en garantie qui découle de la vente, mais d'une action en dommages et intérêts qui résulte de l'article 1382, car sa faute seule le rend responsable. — Si l'adjudication était annulée par suite d'une faute imputable à l'adjudicataire, comme si, par exemple, il se trouvait dans la catégorie des personnes qui ne peuvent se rendre adjudicataires, il est manifeste qu'au lieu d'avoir droit à une indemnité, il serait lui-même passible de dommages et intérêts.

Nous avons décidé que l'action en garantie n'atteignait pas le créancier poursuivant. Mais l'adjudicataire évincé pourra-t-il du moins exercer contre les créanciers entre lesquels le prix a été distribué, l'action en répétition de l'indû, conformément à l'article 1377? Le droit romain ne

l'admettait pas, car le créancier qui avait reçu
ce qui lui était véritablement dû ne pouvait être
contraint de restituer, *suum recepit*. Cette doctrine
est soutenue par des auteurs modernes qui s'ap-
puient sur les lois romaines. Mais ce résultat,
déjà repoussé par l'ancienne jurisprudence, nous
paraît contraire à l'article 1377 : « Lorsqu'une
personne, qui par erreur se croyait débitrice, a
acquitté une dette, elle a droit de répétition contre le créancier. » Nous voyons donc que la restitution est due alors même que le créancier *suum
recepit*, si celui qui a payé n'était pas débiteur, et
n'a payé que par erreur. Or l'adjudicataire n'était
pas débiteur, puisque l'adjudication est nulle. Il
a été induit en erreur par un acte illusoire qui
n'avait aucune existence réelle; il a payé le prix
sans le devoir, il peut donc répéter.— Nous avons
donné à l'adjudicataire un recours en garantie
contre le débiteur saisi; mais celui-ci peut se
trouver insolvable; la *conditio indebiti* sera alors
très-utile à l'adjudicataire. Néanmoins la répétition ne serait plus admise, si par suite du paiement les créanciers avaient supprimé leurs titres
(1377, 2°). Il a été jugé en ce sens que si les
créanciers colloqués avaient consenti à la radia-
tion de leurs hypothèques, qui grevaient en
même temps d'autres immeubles, ils ne pourraient être inquiétés (Riom, 20 mai 1851).

Il ne faudrait pas confondre avec la vente sur

saisie, dont il vient d'être question, celle qui est faite par la masse des créanciers, cessionnaire, en vertu d'un concordat, des biens d'un failli. Celle-ci réunit tous les caractères d'une vente volontaire consentie par les créanciers, et dès lors l'adjudicataire évincé par suite d'une surenchère aura un recours contre la masse des créanciers. Cette garantie serait due aussi bien si la seconde adjudication avait lieu au profit d'un tiers, que si elle avait lieu au profit du premier adjudicataire (Rouen, 11 mars 1842).

II. L'éviction partielle, aussi bien que l'éviction totale, donne ouverture au recours en garantie. L'acquéreur peut aussi, si la partie est de telle conséquence qu'il y ait lieu de croire que sans elle il n'eût point acheté, faire résilier la vente (1636). Mais si la vente n'est point résiliée, il y a une éviction partielle qui soumet le vendeur à la garantie. Il ne faut point confondre avec cette action en garantie l'action en diminution de prix pour défaut de contenance. La première dérive de l'obligation de garantir, la seconde de l'obligation de délivrer; des différences sensibles existent entre elles. La diminution de prix, sauf dans les ventes faites à tant la mesure, n'est accordée que si le défaut de la contenance indiquée entraîne une différence d'un vingtième au moins, eu égard à la valeur des choses vendues (1619); ainsi elle n'a lieu que pour un déficit déterminé, et de plus l'estimation porte sur la valeur des choses au moment de la vente. Au contraire, l'estimation en cas d'éviction partielle est calculée d'après la valeur de la partie évincée au moment de l'éviction (1637). En outre le Code déclare le vendeur garant de toute éviction partielle; il n'est donc pas nécessaire qu'elle soit d'un vingtième au moins. Si faible que soit la partie de la chose vendue qui en est frappée, l'acheteur a un recours en garantie. Cette distinction entre les deux actions, méconnue par un arrêt de la Cour de Colmar (19 avril 1837), a été avec raison proclamée par la Cour de cassation (16 juin 1840, et 14 janvier 1851). Ainsi, lorsque l'acheteur ne reçoit point la délivrance de la contenance indiquée, il ne peut invoquer que l'article 1619. Pour qu'il ait l'exercice du recours en garantie, ouvert par l'article 1637, il faut qu'il y ait eu mise en possession, suivie d'éviction.

Nous savons que l'acheteur peut se dire évincé lorsque, pour conserver la chose, il en a payé la valeur. Il n'est pas nécessaire, pour que son recours soit admis, que la valeur totale ait été exigée de lui. Si, menacé d'éviction, il a transigé avec les tiers réclamants, il doit être indemnisé par son vendeur des sacrifices que lui a imposés la transaction, s'il prouve qu'il était en présence de prétentions fondées (Riom, 11 mars 1811); le pré-

judice éprouvé est, dans ce cas, une suite de
l'inexécution de l'obligation du vendeur.

Il a été jugé cependant que l'acheteur menacé
d'éviction, qui, en faisant valoir les titres et les
droits de son vendeur, conserve, moyennant un
supplément de prix, *la propriété qu'il a acquise,*
se rend non recevable à exercer un recours en
garantie (Paris, 19 juin 1818). — Cet arrêt n'est
pas, comme il le paraît, en contradiction avec les
principes. Il renferme l'application d'une règle
vue précédemment, relative aux actes de l'autorité. En 1810, un bien national avait été donné
par le roi de Naples. Le donataire, après avoir
fait des améliorations considérables, avait vendu
le bien, en déclarant son origine. En 1815, l'ancien roi de Naples, remonté sur son trône, dé-
clara révoquées toutes donations de biens natio-
naux. Toutefois l'ordonnance accordait aux donataires qui avaient fait des améliorations considérables, la faculté de conserver les biens, à
la charge d'en payer la valeur au moment de
la donation. L'acheteur usa du droit dont il
jouissait du chef du donataire, puis réclama
la garantie pour l'excédant de prix payé au Trésor. Mais la cause d'éviction était postérieure
à la vente et indépendante du vendeur; eût-
elle été considérée comme préexistante, en supposant la donation nulle, l'acheteur avait connu
le danger et n'avait stipulé aucune garantie spé-

reste à apprécier la portée des clauses qui libèrent le vendeur.

Il est vrai de dire que l'éviction est partielle, lorsque la chose vendue et évincée consistait dans une série de jouissances et de prestations, comme un usufruit, une rente viagère, et que l'éviction n'a eu lieu qu'après un certain temps depuis la vente. Si en effet l'acheteur a joui de la rente viagère pendant dix ans, l'éviction ne lui enlève qu'une partie de son droit; car chaque année, outre le revenu, il absorbait une partie du capital. La décision contraire, conforme aux principes rigoureux, paraîtrait contraire aux idées d'équité qui sont souveraines en cette matière.

Il y a controverse parmi les auteurs pour savoir s'il faut appliquer le même tempérament d'équité dans les ventes d'animaux. Pothier et Dumoulin enseignaient l'affirmative que nous croyons préférable; les animaux ayant une existence limitée, l'acheteur n'a en vue qu'un certain nombre d'années de services, qui se sont en effet réalisés pour partie. La négative s'appuie sur ce que le cheval vieilli est bien le même cheval : il est détérioré, à la vérité, mais la loi déclare formellement que le prix doit être restitué en entier, bien que la chose soit détériorée. — L'objection est vraie, mais elle ne répond pas à l'argument d'équité qu'elle combat. Le motif reste le même, que le bien vendu soit corporel ou incorporel.

Nous ne voyons pas de raison pour établir une distinction entre les deux hypothèses.

III. Quand l'éviction atteint, non pas l'acheteur lui-même, mais son ayant-cause, l'action en garantie est-elle ouverte? Il est hors de doute qu'elle peut être intentée par les héritiers de l'acheteur et par ses successeurs à titre universel, lorsqu'ils subissent une éviction. Mais en sera-t-il de même pour les successeurs à titre particulier? Pothier (n° 97) fait à cet égard une distinction entre les successeurs particuliers qui auraient un recours contre l'acheteur lui-même et ceux qui en seraient privés, entre ceux qui auraient reçu la chose vendue à titre onéreux ou à titre gratuit. Un donataire ne pourrait inquiéter l'acheteur, il n'aura donc pas l'action en garantie contre le vendeur : pour qu'il en fût autrement, il faudrait que la donation renfermât une cession expresse des droits et actions concernant la chose vendue. Pothier reproduisait la doctrine romaine, qui en effet n'accordait un recours au légataire que si la cession d'actions avait eu lieu. Mais un pareil résultat blesse à la fois l'équité et les principes du droit actuel. Comment concevoir que le vendeur soit déchargé de son obligation, parce que l'acheteur a fait donation de la chose vendue? C'est donc lui qui profiterait de la donation? D'autre part le droit moderne a répudié les subtilités du droit romain sur la cession d'actions. Le donateur en transmettant la chose, a par là même transmis au donataire tous les droits et actions qui lui compètent au sujet de cette chose. Il entre dans la volonté des parties que le donataire ait tous les moyens de conserver le bien donné, par conséquent de se faire maintenir en possession, et garantir par le vendeur. Cette intention manifeste n'a nullement besoin d'être explicite. Aussi la doctrine de Pothier est-elle unanimement abandonnée par les auteurs et la jurisprudence : on décide aujourd'hui que le donataire évincé pourra agir en garantie contre le vendeur de son auteur.

Si l'acheteur a lui-même vendu la chose, le second acheteur, en cas d'éviction, a contre le premier un recours en garantie : il est, à ce titre, au nombre de ses créanciers, et peut en vertu de l'art. 1166 intenter, du chef de son débiteur, toutes les actions de ce dernier qui ne sont pas attachées à sa personne. Mais faut-il rapporter uniquement à cet article l'action du second acheteur contre le vendeur primitif? Nous ne le pensons pas, et nous croyons que le dernier acheteur, outre le bénéfice du recours oblique, a de plus une action directe. L'intérêt de la question est considérable. Si en effet on s'arrêtait à la première opinion, l'acheteur devrait partager avec les autres créanciers de son débiteur l'indemnité obtenue, car le droit à la garantie, considéré comme un bien compris dans le patrimoine du vendeur,

serait le gage commun de ses créanciers; de plus,
les rapports qui existent entre le créancier et son
débiteur garant, pourraient être modifiés par des
causes postérieures à la vente : comme ces rapports immédiats doivent seuls être pris en considération, le recours oblique en serait lui-même
modifié ou supprimé. Si au contraire, en présence
de plusieurs ventes successives, on reconnaît au
dernier acheteur une action directe contre celui
des vendeurs antérieurs qu'il lui plaît de choisir,
il ne sera pas forcé de subir le concours des autres créanciers : en outre, les rapports immédiats
existant entre l'acheteur et son vendeur postérieurement à la vente, seront négligés, car toutes les actions qui appartenaient au vendeur sont,
au moment où celui-ci a vendu, sorties de son
patrimoine, et appartiennent *de plano* au dernier
acheteur.

Nous pensons que la vente emporte cette transmission des actions ; elle est conforme au but du
contrat et à l'intention des parties. Celui qui vend
une chose est censé la vendre *cum omni suâ causâ*.
Pothier, qui refusait un recours au donataire,
proclame ici le principe de la subrogation tacite.
« Lorsque je vends une chose à quelqu'un, je suis
censé lui vendre et lui transporter tous les droits
et actions qui tendent à faire avoir cette chose,
et par conséquent l'action *ex empto* que j'ai contre
mon vendeur, *ut præstet rem habere licere ;* cela

paraît renfermé dans l'obligation que je contracte moi-même envers lui, *præstandi ei rem habere licere* » (n°148). Ainsi, quand il y a plusieurs ventes successives, chaque vendeur transmet tacitement à son acheteur les actions en garantie qu'il avait contre les vendeurs antérieurs, et ces actions viennent se réunir dans les mains du dernier acheteur, qui peut agir contre celui des vendeurs qu'il lui plaît de choisir (Bordeaux, 4 février 1831). Ce droit n'est donc plus dans le patrimoine du vendeur, et l'acheteur seul peut l'exercer.

L'action directe que nous donnons à l'acheteur repose sur une subrogation tacite : elle ne sera donc donnée que dans les limites où la subrogation est possible. Si le premier vendeur n'est tenu à aucune garantie, aucune action contre lui n'a pu être transmise; s'il a modifié son obligation par une clause spéciale, c'est le recours ainsi modifié qui passe au second acheteur. On voit donc combien est peu fondé le reproche, adressé à l'opinion que nous avons énoncée, de faire peser la garantie sur des vendeurs qui s'en étaient déchargés pour le tout ou pour partie. Il est en effet bien évident que nous ne pouvons supposer transmis ce qui n'existe pas.

Nous ferons enfin remarquer que le dernier acheteur, étant assimilé à un cessionnaire de créance, doit signifier le transport au vendeur antérieur qu'il se propose d'attaquer. S'il négligeait cette précaution, il serait exposé à se voir repoussé par suite d'une cause de libération opposable au cédant, et préexistante à son action.

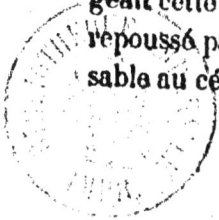

_____

CHAPITRE II.

Comment s'exerce le recours en garantie.

I. Le recours en garantie peut s'exercer de deux manières différentes : 1° L'acheteur, inquiété par une demande en revendication, n'avertit pas son vendeur et plaide seul : il perd le procès et subit l'éviction. Il revient ensuite contre le vendeur, et, dans une seconde instance, il intente une demande principale en garantie. La procédure suit son cours comme dans toutes les actions : le vendeur est cité devant le tribunal de son domicile. Il y a comme on voit deux instances distinctes et indépendantes. — 2° L'acheteur, aussitôt qu'un trouble survient, appelle son vendeur en cause pour être défendu, ou, à défaut d'une défense efficace, être indemnisé du préjudice que lui causera l'éviction. La compétence est dans ce cas modifiée relativement au vendeur (181, C. Pr.). Si le tiers demandeur au procès triomphe, le tribunal, par un seul et même jugement, statue sur la demande principale et sur la demande incidente en garantie. L'acheteur peut même se faire mettre hors de cause et laisser le vendeur se défendre seul. Lorsque celui est demeuré seul au procès, c'est contre lui qu'est dirigée la condamnation. Mais le plus souvent la chose se trouve aux mains de l'acheteur : le tiers qui a obtenu le jugement peut, après avoir fait une simple signification à l'acheteur, poursuivre l'exécution contre lui.

De ces deux manières de procéder, la seconde est recommandée par la prudence. L'acheteur doit se hâter d'avertir le vendeur dès qu'un trouble est survenu. Un prompt avis, outre l'avantage d'une célérité plus grande dans la marche du procès, lui procure la certitude d'une garantie efficace et complète. En effet, le vendeur appelé en cause n'est pas forcé de plaider alors même que la défense lui paraît insoutenable : si donc il peut établir qu'il aurait acquiescé à une demande évidente, l'acheteur supporte seul les frais de justice occasionnés par une contestation imprudente : il a commis une faute, qu'il eût évitée en prévenant son garant, et cette faute ne peut aggraver la position du vendeur. Mais le danger est plus considérable encore. Le vendeur pourrait prouver qu'il avait un moyen de défense excellent; que la demande du tiers eût été repoussée par ce moyen, et que l'acheteur n'aurait pas été évincé s'il lui avait donné avis du trouble. Il serait dès-lors affranchi de l'obligation de garantie. — Si au contraire le vendeur a été appelé en cause, les chances du procès sont toutes à sa charge, et le recours, en cas d'éviction, est assuré.

Il arrive souvent que plusieurs personnes soient tenues de l'obligation de garantie, par exemple, lorsque le vendeur est mort laissant plusieurs héritiers. Comment s'intentera contre eux l'action en garantie? Cette action est-elle divisible ou indivisible? Une obligation est divisible ou indivisible, selon que son objet est ou n'est pas susceptible de division. Quel est donc l'objet de l'obligation de garantie? Son objet immédiat est la défense de l'acheteur : or la défense est un fait indivisible : on ne peut défendre pour un tiers, pour un quart, faire valoir un tiers, un quart de chaque moyen : il est dès-lors incontestable que l'obligation de garantir et par suite l'action en garantie sont indivisibles. Cependant cette indivisibilité produira peu de conséquences pratiques. En effet, si la défense a réussi, elle profite à tous les obligés; mais si elle est insuffisante, l'éviction survenue change l'obligation de défendre en obligation d'indemniser : or qu'un seul héritier ou que tous soient en cause, l'obligation de payer une somme d'argent étant divisible, chacun des héritiers ne sera condamné que pour sa part. L'acheteur courrait d'ailleurs un danger s'il négligeait de mettre en cause tous les héritiers. Le jugement n'étant valable qu'entre les parties qui ont figuré dans l'instance, chacun des héritiers demeurés étrangers au procès pourrait plaider au fond sur nouveaux moyens et se soustraire au recours en garantie.

Dans le cas où l'un des héritiers repousserait ainsi l'acheteur en prouvant qu'il aurait triomphé des prétentions du tiers, l'héritier mis en cause ne sera pas pour cela restitué pour la part à laquelle il a été condamné. C'était à lui d'appeler à son aide ses cohéritiers : il a commis une faute en supportant seul le fardeau du procès. On voit par là que l'acheteur, aussi bien que le cohéritier actionné seul, ont tous deux intérêt à appeler en cause tous ceux qui sont obligés à la garantie.

Les mêmes effets se produiront si la vente avait été faite par plusieurs conjointement. Les covendeurs peuvent être actionnés isolément pour prendre fait et cause, mais chacun n'est condamné que pour sa part dans l'indemnité. La solidarité n'existe entre eux que si elle a été formellement stipulée (1202, C. N.). L'acheteur agira donc prudemment en actionnant tous les covendeurs.

Mais il n'est pas nécessaire, pour réserver ses droits contre les cautions du vendeur, de les mettre en cause. En effet, bien qu'elles soient demeurées étrangères au procès, la condamnation prononcée réagira nécessairement contre elles.

Elles ont cautionné non-seulement l'obligation principale de défendre, mais aussi l'obligation subsidiaire d'indemniser en cas d'éviction. Pothier (n° 112) fait remarquer d'ailleurs que le vendeur doit être, plutôt que ses cautions, censé instruit des moyens de défense qu'on peut invoquer.

Cette action en garantie dure trente ans (2262, C. N.); mais le délai de la prescription ne court pas du jour où l'obligation de garantir a pris naissance, car elle est née au moment de la vente; mais du jour où le recours est ouvert, où l'éviction a eu lieu (2257, C. N.). La durée de l'action en garantie, résultant des vices rédhibitoires, doit au contraire être intentée dans un bref délai à partir du jour de la livraison.

II. L'obligation de garantie peut être déduite en justice au moyen de deux voies de recours, l'action et l'exception. Il n'a été question jusqu'ici que de l'action; nous allons nous occuper de l'exception de garantie.

L'exception peut être opposée à tous ceux qui doivent la garantie : elle tend à faire rejeter leur demande, lorsqu'ils inquiètent l'acheteur, par ce motif que, tenus de maintenir la paisible possession, ils ne peuvent la troubler et obtenir eux-mêmes la dépossession. Ainsi le vendeur de la chose d'autrui, qui, depuis la vente, prétendrait avoir acquis des droits sur la chose vendue, serait repoussé par l'exception de garantie. La circonstance que la vente aurait été stipulée sans garantie ne donnerait pas au vendeur de bonne foi le droit de revendiquer contre son ayant-cause, s'il avait par la suite acheté la chose du véritable propriétaire (Agen, 23 juillet 1844).

L'exception serait pareillement opposée avec succès aux héritiers purs et simples du vendeur, qui sont tenus personnellement de toutes les dettes de leur auteur. Les légataires universels et à titre universel seraient aussi écartés, car ils sont tenus des dettes : néanmoins, comme ils ne sont pas représentants de la personne, mais simples successeurs aux biens, ils pourraient, en abandonnant les biens légués, échapper à l'exception de garantie. Nous pensons qu'il faut appliquer la même décision aux donataires universels. Pothier (176) ne faisait pas de distinction entre les donataires et les légataires : les uns et les autres, dit-il, sont tenus des dettes, mais peuvent se soustraire à l'exception en abandonnant les biens. L'assimilation, qui n'est pas contestée en ce qui touche les donations de biens présents et à venir, n'est pas admise par tous les auteurs lorsque la donation ne comprend que les biens présents : le caractère d'universalité fait, dit-on, défaut dans ce cas. Mais pourquoi ne pas voir une universalité dans le patrimoine actuel, pour les dettes actuelles, aussi bien que dans le patri-

moine actuel et futur pour les dettes actuelles et
futures? « La communauté, qui porte sur tous les
biens présents des époux, dit Marcadé, n'est-elle
pas communauté universelle, aussi bien que celle
qui embrasse leurs biens présents et à venir; et
ne met-elle pas en commun toutes leurs dettes
actuelles, comme l'autre y met toutes les dettes
actuelles et futures? » C'est donc avec raison,
croyons-nous, qu'une jurisprudence constante a
consacré la doctrine de Pothier.

L'acheteur ne pourrait opposer l'exception de
garantie à l'héritier bénéficiaire. Celui-ci ne con-
fond pas ses droits avec ceux de la succession. Il
peut donc intenter de son chef !a revendication :
l'obligation de garantie pèse non sur lui, mais
sur la succession. L'acheteur évincé peut, il est
vrai, le poursuivre en dommages et intérêts en
qualité d'héritier bénéficiaire, mais la condamnation ne pourra recevoir d'exécution que sur les
biens de la succession.

Une raison analogue nous conduit à la même
décision dans l'hypothèse où la femme commune,
après avoir accepté la communauté, revendique
un de ses propres vendu par le mari : l'acheteur,
disons-nous, ne peut lui opposer l'exception de
garantie. — La controverse naît de ce que la
femme qui accepte est tenue des dettes de la communauté. Or, dit-on, la communauté est, du chef
du mari, obligée à la garantie : la femme est

donc liée par la même obligation. Mais le principe de l'article 1482, qui accorde à la femme de
n'être poursuivie par les créanciers communs que
sur son émolument, repousse ce raisonnement.
La femme conserve intact son droit de propriété;
elle est, il est vrai, comme commune, tenue de la
garantie. Mais celle-ci ne peut être poursuivie, s'il
y a inventaire, que sur l'émolument obtenu : or le
propre vendu n'en fait pas partie. Nous en concluons que la femme peut reprendre son propre à
la condition de payer, dans la limite de son
émolument, la moitié de l'indemnité due par le
mari vendeur. Quelques auteurs, d'après Pothier,
veulent que la femme ne paie que la moitié du
prix : mais cette opinion nous paraît en contradiction avec les principes. La femme est tenue
d'une obligation de garantie qui comprend les
dommages et intérêts : elle est tenue pour moitié
de la même manière que le mari l'est pour le
tout. Le seul bénéfice qui lui soit accordé, c'est
de ne pas confondre ses deux qualités de propriétaire et de commune.

La communauté d'acquêts, adaptée au régime
dotal, nous offre une espèce du même genre.
L'immeuble dotal aliéné par le mari peut être revendiqué par la femme, après qu'elle a accepté la
communauté d'acquêts : l'acheteur pourra seulement exiger d'elle, sur son émolument, la moitié
de l'indemnité due par le mari.

L'exception de garantie peut cependant empê-
cher la revendication de l'immeuble dotal aliéné
par le mari, si nous supposons la femme héri-
tière pure et simple de son mari, ou l'inverse, ou
bien si la même personne a succédé à la fois au
mari et à la femme. Mais ce résultat ne se ren-
contrera que si le mari est, par suite de la vente,
tenu personnellement de la garantie : si donc il a
vendu comme propriétaire et en son propre nom,
ou bien si, vendant au nom de sa femme, il a
promis la garantie, ses héritiers, obligés comme
lui-même, seraient repoussés par l'exception de
garantie. Au contraire, si le mari a vendu le
bien comme dotal au nom de sa femme, sans
promettre la garantie, l'acheteur n'a point de recours contre le mari : il n'en aurait pas davantage contre ses héritiers. Rien n'empêche alors
la femme de revendiquer. Le mari, s'il est héritier de sa femme, serait lui-même admis à poursuivre, car il n'a vendu qu'en qualité de procu-
reur de sa femme, et le bien était inaliénable à
l'égard de celle-ci.

Les principes que nous venons d'énoncer rece-
vraient également leur application dans la vente
de biens appartenant à un mineur. Le tuteur a
vendu comme sien un immeuble du pupille, et
meurt laissant celui-ci pour héritier. Si le pupille
revendique, il sera repoussé par l'exception de
garantie. « Cette décision, dit Pothier, ne prive

pas le mineur de la protection que la loi lui accorde; ce n'est pas la validité de l'aliénation qu'on lui oppose, mais l'obligation de garantie dont il est tenu du chef de son tuteur, auquel il a succédé. » Nous ferons remarquer que, pour rencontrer ici l'exception de garantie, il faut supposer la succession acceptée purement et simplement, et par conséquent ouverte après la majorité du pupille, car toutes successions qui échoient au mineur ne peuvent être acceptées pour lui que sous bénéfice d'inventaire.

Si le tuteur a vendu le bien comme appartenant au pupille, mais sans observer les formes requises pour l'aliénation des biens des mineurs, et sans s'obliger personnellement à la garantie, nous pensons qu'il faut éliminer l'exception que l'on opposerait au pupille. L'hypothèse est la même que celle où la femme dotale a succédé à son mari, après une vente qui n'oblige pas ce dernier. Le tuteur n'est qu'un mandataire, et il n'est point garant de la validité de la vente. L'acheteur doit s'imputer à lui-même le préjudice que lui cause la violation des formes exigées. On ne pourra donc invoquer contre le mineur une obligation inexistante. Un arrêt de la cour de cassation, qui adopte la doctrine contraire, nous paraît s'écarter des principes (14 janvier 1840).

La question est plus débattue encore lorsque

c'est le tuteur qui, après une vente de cette nature, est devenu l'héritier de son pupille. Ainsi
que nous l'avons décidé dans le cas où le mari
succède à sa femme dotale, nous croyons l'exception de garantie non recevable contre le tuteur.
On objecte qu'il est difficile d'admettre un indi-
vidu à revenir contre son propre fait. Mais la
vente est au fond le fait du pupille. Le tuteur n'a
vendu que comme mandataire, il n'est donc pas
tenu de la garantie : rien ne s'oppose dès lors à
ce qu'il exerce l'action en nullité qu'il trouve dans
la succession de son pupille (Cassation, 19 flo-
réal an XII).

Dans les diverses hypothèses que nous venons
de parcourir, l'acheteur évincé pourra obtenir,
par une *condictio sine causa*, le prix qu'il a indû-
ment payé. Un arrêt de Metz (1er juin 1821), sta-
tuant sur la vente des biens d'un mineur, faite
dans les conditions que nous avons supposées, se
fonde, pour accorder la répétition du prix, sur
ce que le tuteur est auteur d'un fait dommageable. Nous croyons inexact le motif allégué. Le tuteur a fait connaître la situation, on ne peut le
dire auteur du préjudice éprouvé. Mais le prix
payé entre les mains du tuteur ne doit pas enrichir le pupille aux dépens de l'acheteur : il y a
eu paiement de l'indû; de là une *condictio sine
causa*. Le motif de l'arrêt conduirait à une demande de dommages et intérêts.

L'exception de garantie sera valablement opposée à la caution du vendeur. La caution ne
peut évincer l'acheteur, car elle doit le garantir.
Peu importe d'ailleurs que son droit de propriété
ait pris naissance avant ou après le contrat de
cautionnement. Pothier a sur ce point réfuté la
doctrine des anciens auteurs qui voulaient distinguer entre les deux cas (177). L'obligation de garantie, opposée à la caution par voie d'exception,
a cet effet remarquable, qu'elle rend inefficace
le bénéfice de discussion. En effet, « la caution,
dit Pothier, ne peut opposer l'exception de discussion que lorsque le débiteur principal peut ac-
quitter la dette. Mais dans l'espèce proposée, l'o-
bligation de garantie, dont le vendeur est le
débiteur principal, et à laquelle la caution a ac-
cédé, n'étant autre chose que celle de me défendre,... c'est une obligation qui ne peut être ac-
quittée par mon vendeur, le débiteur principal,
et qui ne peut l'être que par la caution, puisqu'elle seule peut faire cesser l'action qu'elle intente contre moi, en l'abandonnant » (178). —
Les héritiers de la caution, succédant à ses obligations, échoueraient également dans leur revendication, si l'acheteur invoquait contre eux
l'exception de garantie. Nous avons expliqué,
dans la première partie de ce travail, sur quelle
confusion repose la doctrine contraire. La loi 31,
C. *de Evict.*, qui reconnaît à l'héritier de la caution

le droit de revendiquer contre l'acheteur, ne prétend pas le soustraire à l'exception : mais, supposant que l'acheteur a négligé ce moyen, elle décide que le recours en garantie subsiste par voie d'action. Cette interprétation de la loi 31, donnée par **Cujas**, est même inutile : quelle que soit la règle en droit romain, les principes consacrés par la législation actuelle ne permettent pas d'affranchir les héritiers des obligations qui pesaient sur leurs auteurs.

L'action en garantie, ainsi qu'il a été dit précédemment, se prescrit par trente ans à compter du jour de l'éviction : au contraire, l'exception, ayant précisément pour effet de rendre l'éviction impossible, est par sa nature même perpétuelle : à quelque moment que l'acheteur soit troublé, il peut invoquer contre son garant l'obligation de s'abstenir qui lui est imposée.

Il nous reste à nous demander quel est le caractère de l'exception de garantie; est-elle divisible ou indivisible? En ce qui touche l'action en garantie, nous avons constaté l'unanimité des auteurs pour la déclarer indivisible; tous en effet reconnaissent que l'obligation de garantir, principe de l'action, a pour objet un fait indivisible, la défense de l'acheteur, et dès lors est elle-même indivisible. Le principe de l'exception est identiquement le même que celui de l'action; c'est l'obligation de garantir, proclamée indivisible.

Néanmoins les jurisconsultes les plus éminents, Dumoulin et Pothier à leur tête, soutiennent la divisibilité de l'exception de garantie. Nous examinerons rapidement sur quelle base repose cette doctrine, que nous croyons justement condamnée par la jurisprudence.

Pour soutenir que l'exception est divisible, on s'appuie d'abord sur une assimilation avec l'obligation de délivrer. Celle-ci est divisible; si, dit-on, le vendeur était mort avant d'avoir fait délivrance, l'obligation de livrer se serait divisée entre les héritiers. Or la position des héritiers ne doit pas être aggravée, parce que leur auteur est mort avant la livraison; l'exception ne doit pas être pour eux plus onéreuse que l'action. — Cet argument repose sur une confusion : l'obligation de délivrer et l'obligation de garantir sont parfaitement distinctes; l'une est divisible, l'autre ne l'est pas; c'est cette dernière qui est la base de l'exception, aussi bien que de l'action en garantie.

Si le raisonnement que l'on propose était vrai, il faudrait, sous peine de se contredire, déclarer l'obligation de garantie, et par suite l'action, divisibles également; cette conséquence est inévitable si l'on veut que la position des héritiers soit la même après qu'avant la délivrance. Le motif est le même, qu'il s'agisse de l'action ou de l'exception. Cependant tout le monde reconnaît que

l'obligation et l'action en garantie sont indivisibles; c'est qu'en effet la délivrance accomplie
a changé la position des parties; l'objet de l'obligation des héritiers n'est plus le même; il est
tout naturel que l'action ait aussi un caractère
différent.

On objecte que s'il est vrai de tenir pour indivisible l'obligation de garantie, celle-ci est néanmoins de telle nature que chacun des héritiers
peut, en refusant de la remplir, lui substituer
une dette d'argent, laquelle est divisible. — Mais
est-il vrai, en droit, que les héritiers aient cette
faculté? Sans doute nous avons reconnu, en trai-
tant de l'action en garantie, que si la défense est
infructueuse, soit que le vendeur se soit refusé à
la fournir, soit qu'elle soit impossible, l'acheteur
est bien forcé de se contenter d'une indemnité
pécuniaire; c'est qu'en effet l'obligation de défendre est une obligation de faire; or, si une
personne refuse de faire un acte, on ne peut l'y
contraindre. Cette impossibilité résout nécessairement l'obligation de faire en une dette de dommages et intérêts. Mais la conversion n'est que
subsidiaire, et n'aura jamais lieu toutes les fois
que le créancier pourra obtenir l'exécution directe de l'obligation. Lorsque le vendeur est lui-
même auteur du trouble contre lequel il doit défendre, la conversion de son obligation en dette
de dommages et intérêts n'a pas lieu, parce que

l'exécution directe s'obtient en repoussant sa demande au moyen de l'exception. Lorsque l'acheteur se trouve en présence des héritiers du vendeur, et que, par voie d'exception, il réclame contre eux la défense à laquelle ils sont obligés, il demande également l'exécution d'une obligation de ne pas faire : l'abstention peut être obtenue directement : elle ne doit donc pas être convertie en dommages et intérêts. La solution contraire prive l'acheteur d'un droit qui est celui de tout créancier lorsque l'obligation peut être exécutée sans violenter la personne du débiteur.

Enfin l'on ajoute que l'obligation de défendre est subordonnée à l'obligation de faire jouir ; que celle-ci, conséquence de l'obligation de livrer, qui est divisible, est elle-même divisible. Si l'héritier fait délivrance pour sa part, s'il fait jouir pour sa part, il n'est pas tenu de faire jouir pour les autres parts ; comment serait-il responsable de la jouissance qu'il n'est pas tenu de fournir ? — Mais cette manière d'envisager la question ne se réduit-elle pas à une pétition de principe? L'obligation dont est tenu l'héritier n'est pas multiple; elle est unique, et consiste à maintenir la paisible possession, à défendre contre toute menace d'éviction. *Faire jouir* et *défendre* sont deux expressions différentes de la même idée, et non pas deux choses distinctes. Demander si l'héritier doit faire jouir pour partie, ou

8

s'il doit défendre pour partie, c'est agiter une seule et même question. Cet argument n'ajoute donc rien à la discussion. Il reproduit, sous une autre forme, la confusion que nous avons signalée entre l'obligation de livrer et l'obligation de défendre après la délivrance accomplie.

Ainsi nous pensons que l'exception de garantie est, de même que l'action, indivisible. Cette solution fait disparaître la question accessoire des effets de l'exception déclarée divisible. En conséquence nous dirons que chacun des héritiers, s'il agit en revendication contre l'acheteur, doit être repoussé par l'exception, non pas seulement pour sa part héréditaire, mais pour le tout. (Cass., 14 janvier 1840, — 16 novembre 1841.)

CHAPITRE III.

Des effets du recours en garantie.

Avant d'examiner quelles sont les conséquences et l'étendue du recours ouvert en cas d'éviction, nous devons dire un mot des indemnités que peut réclamer l'acheteur alors même que la possession lui a été maintenue. Bien que le vendeur ait réussi à faire cesser le trouble, un certain préjudice est néanmoins souffert par l'acheteur. Le tiers dont la demande a été repoussée sera sans doute condamné à restituer les frais et dépens avancés, peut-être même à payer des dommages et intérêts; mais, s'il est insolvable, la perte sera-t-elle ou non à la charge du garant? La négative est généralement admise en ce qui touche les dommages et intérêts; en effet, le vendeur a bien réellement transmis la propriété, et il ne saurait être responsable des actes des tiers qui lui demeurent étrangers. Pour les frais et dépens une décision contraire doit être adoptée. L'obligation de défendre, qui est imposée au vendeur, soumet nécessairement celui-ci à toutes les conséquences de cette défense. Ainsi, que le vendeur soit resté

seul en cause et qu'il ait fait lui-même les avan-
ces, ou bien que l'acheteur ait avec lui soutenu
le procès, dans les deux cas, nous pensons qu'il
doit supporter l'insolvabilité du tiers condamné.
La faculté accordée à l'acheteur de se faire mettre hors de cause montre bien que c'est le vendeur qui est chargé du procès : il doit donc restituer, sauf à recourir ensuite, les dépenses faites
pour lui. (Cass. 3 janvier 1833.)

Lorsque l'acheteur est évincé de la chose vendue, quels sont les effets de son action en garantie? La doctrine de Dumoulin, que nous avons
combattue, dans la première partie de ce travail,
comme contraire aux principes du Droit romain,
a été adoptée par les rédacteurs du Code Napoléon. On ne donnerait donc plus aujourd'hui une
idée exacte des effets de la garantie en disant que
l'acheteur évincé doit être indemnisé du préjudice qu'il éprouve. La garantie n'a plus un objet
unique, mais deux objets parfaitement distincts :
1° le prix, qui doit être restitué dans tous les cas ;
2° des dommages et intérêts, s'il y a lieu. Cette
doctrine, inexplicable en Droit romain, est en
harmonie avec le principe qui déclare nulle la
vente de la chose d'autrui. On conçoit, si l'on se
place à ce point de vue, que la restitution du prix
soit admise dans tous les cas, puisqu'il a été payé
sans cause : c'est une *condictio sine causd*. Mais
peut-être est-il permis de regretter la parfaite

équité du système romain, où les risques étaient
supportés par celui qui devait recueillir les chances heureuses. Dans le droit actuel, l'acheteur,
certain de ne jamais perdre, a tous les profits :
toute la plus-value fortuite lui sera remboursée,
et, si la chose a diminué de valeur, il recevra plus
que l'équivalent du préjudice causé par l'éviction.
— Toutefois cette théorie n'est appliquée par le
Code qu'à l'éviction totale. La règle romaine re-
paraît si l'éviction est partielle : la garantie n'a
dans ce cas pour objet que l'évaluation exacte du
dommage. On justifie cette différence en faisant
remarquer que, la vente n'étant pas nulle, on ne
peut dire que le prix ait été payé sans cause. Ainsi
les rédacteurs, après avoir adopté la doctrine de
Dumoulin pour l'éviction totale, l'ont abandonnée
quand l'acheteur n'est privé que d'une partie de
la chose vendue.

1. Nous nous occuperons en premier lieu de la
garantie en cas d'éviction totale. Suivant ici l'ordre du Code, nous examinerons successivement
toutes les prestations comprises dans l'obligation
du vendeur : le prix d'abord, puis les divers éléments qui composent les dommages et intérêts.

1° *Restitution du prix.* — Le vendeur, ayant reçu
le prix en considération d'un transfert de propriété qu'il n'a pas opéré, doit le restituer. Cette
obligation est tellement rigoureuse, qu'elle pèse
sur lui, dit l'art. 1629, dans le cas même d'une

stipulation de non-garantie, à moins de circonstances exceptionnelles que nous verrons plus loin. Elle comprend la totalité du prix, quelle que soit la valeur actuelle de la chose évincée. L'art. 1631 décide que « lorsqu'à l'époque de l'éviction, la chose vendue se trouve diminuée de valeur, ou considérablement détériorée, soit par la négligence de l'acheteur, soit par des accidents de force majeure, le vendeur n'en est pas moins tenu de restituer la totalité du prix. » Nous rencontrons à ce propos une opinion qui soutient que le vendeur pourrait, s'il y a eu négligence de l'acheteur, réclamer à ce dernier, en vertu de l'art. 1383, ce qu'il aurait lui-même payé au propriétaire à raison des détériorations : on suppose le vendeur poursuivi comme ayant vendu sciemment la chose d'autrui. Cette réclamation nous paraît inadmissible si l'acheteur est de bonne foi : celui-ci, en vertu de son titre, se croyait le droit d'user et d'abuser la chose : la responsabilité de cette erreur doit retomber tout entière sur son auteur.

En présence de l'article que nous venons de citer, on voit qu'il n'y a lieu d'évaluer la chose vendue que par rapport aux dommages et intérêts qui pourraient excéder le prix de vente. Il ne faut établir aucune distinction entre la perte partielle arrivée par cas fortuit, et la dégradation fortuite, en ce qui touche la restitution du prix. Les décisions de Papinien que nous avons analysées, et qui avaient trait à l'action *ex stipulatu duplæ*, ne trouvent point ici leur application. En effet, dans le droit actuel, la *condictio* du prix n'existe que si l'éviction est totale; et dans cette hypothèse c'est également le prix total que l'acheteur pouvait réclamer au double *ex stipulatu*, quelle que fût la perte fortuite antérieurement éprouvée. Le jurisconsulte ne s'occupe de la perte et de l'accrue fortuites que pour savoir, dans une éviction partielle *pro indiviso*, quelle part proportionnelle du prix devra être restituée au double. Mais, dans le Droit français, si l'éviction est partielle, il n'y a pas lieu à restitution d'une part du prix : le recours de l'acheteur est, dans ce cas, celui de l'action *ex empto*.

Le vendeur, obligé de restituer le prix, est autorisé à faire certaines retenues. « Si l'acquéreur, dit l'art. 1632, a tiré profit des dégradations par lui faites, le vendeur a le droit de retenir sur le prix une somme égale à ce profit. » Tel serait le cas où, ayant vendu une futaie, l'acheteur n'aurait pas été obligé d'en faire raison au propriétaire qui l'a évincé : il a été remboursé du prix de l'héritage jusqu'à concurrence de cette somme. Pothier (120 et s.), d'après les lois romaines, énumère diverses réductions qui doivent être admises. Ainsi le vendeur a le droit de retenir ce qu'il aurait payé à l'acheteur avant l'éviction, pour l'in-

demniser soit d'une charge non déclarée, soit d'un
défaut de contenance : ces paiements constituent
une restitution partielle du prix. Pareillement, si
le propriétaire a payé à l'acheteur la valeur d'a-
méliorations faites avant la vente par le vendeur,
celui-ci pourra faire déduction de la somme ver-
sée, car elle représente une portion du prix de
vente. Mais les sommes dépensées par le vendeur
pour la défense de son ayant-cause, n'ayant pas
enrichi celui-ci, ne sauraient diminuer le prix
qui lui est dû.

Il est admis que l'acheteur évincé peut, lorsqu'il y a plusieurs ventes successives, exercer son
recours *omisso medio*, contre celui des vendeurs
qu'il lui plaît de choisir. Supposons que le prix
payé par lui soit supérieur à celui qu'a reçu le vendeur poursuivi : pourra-t-il exiger la restitution
de son prix ? Non, car s'il est vrai qu'il a payé
sans cause la somme la plus forte, le vendeur actionné n'a reçu sans cause que la somme moindre :
celle-ci est donc seule l'objet de la *condictio sine
causâ*. Sans doute l'action en garantie comprend
le prix le plus élevé ; mais la prestation fournie
par le vendeur au-delà du prix qu'il a reçu, constitue à son égard un véritable paiement de dommages et intérêts : par conséquent, elle n'est due
par lui que suivant les règles appliquées au second objet de la garantie. — Il nous semble donc
que la Cour de cassation (12 décembre 1826) décide

à tort que, dans l'hypothèse précédente, le prix le plus élevé soit dû, abstraction faite des dommages et intérêts. On ne peut invoquer en ce sens l'autorité de Pothier. Car le jurisconsulte, pour admettre cet effet de la demande contre le vendeur originaire, établit que le circuit d'actions doit aboutir au même résultat. Il raisonne dans un cas où le vendeur est tenu des dommages et intérêts (147). La doctrine de l'arrêt suppose transmis à l'acheteur un droit qui n'existait pas.

Si, à l'inverse, le prix reçu par le vendeur originaire, Primus, est supérieur à celui qu'a payé le dernier acheteur, quel prix devra être restitué? Si le second vendeur, Secundus, était poursuivi en garantie, il pourrait ensuite se faire restituer par Primus le prix qu'il a payé sans cause, fût-il même supérieur au dommage causé par l'éviction. Mais le sous-acheteur peut-il exiger de Primus, en invoquant la transmission des actions, ce prix, plus élevé que celui qu'il a lui-même déboursé, sans justifier d'un dommage éprouvé? Non, sa prétention doit être repoussée. La cession des actions est, il est vrai, une suite naturelle de la vente; mais on ne peut présumer la volonté des parties contraire à l'acte qui en est l'expression : or l'acte, interprété en équité, ne donne à l'acheteur que le droit d'être rendu indemne. Secundus a cédé une action, mais c'est dans la deuxième vente qu'il faut chercher l'objet de cette action; à moins d'une clause expresse, il n'est pas permis de supposer qu'il ait cédé le droit de réclamer un prix non payé : cette clause, exorbitante du droit commun, ne saurait être sous-entendue comme volonté probable des parties. — Primus ne sera donc tenu de restituer le prix reçu au sous-acheteur que dans la limite du dommage que lui cause l'éviction; le surplus pourra être réclamé par Secundus. (Cass. 5 février 1845.)

Si le prix avait été payé entre les mains d'un cessionnaire du vendeur, l'acheteur évincé pourrait en demander la restitution au cessionnaire, par application de l'art. 1377. Cette *condictio indebiti* est déniée par quelques arrêts (Caen, 25 avril 1842); mais une jurisprudence plus moderne se prononce pour son admission (Paris, 5 février 1848; — Rouen, 14 avril 1853).

En outre de la restitution du prix, élément invariable, le vendeur est tenu de réparer le dommage que l'éviction occasionne à l'acheteur, dommage qui varie suivant les circonstances. En vertu de cette obligation, il doit à l'acheteur les diverses prestations que l'art. 1630 énumère à la suite du prix.

2° *Restitution des fruits.* — Si l'acheteur est obligé de restituer au véritable propriétaire qui l'évince les fruits qu'il avait perçus pendant la durée de sa possession, il éprouve un préjudice dont le

vendeur doit l'indemniser. La réclamation d'une
indemnité n'est admise, nous dit l'art. 1599, que
si l'acheteur est de bonne foi. D'autre part, le
possesseur de bonne foi fait les fruits siens : il
ne peut donc être contraint de les restituer. Il n'y
a là toutefois qu'une contradiction apparente :
pour connaître les droits que la vente fait naître
au profit de l'acheteur, on se place uniquement
au moment où le contrat s'est formé : y a-t-il
bonne foi à ce moment, l'inexécution du contrat
soumet le vendeur à des dommages et intérêts,
lors même que l'acheteur découvrirait plus tard
le vice de son titre. Au contraire, pour faire les
fruits siens, le possesseur doit être de bonne foi
au moment de la perception. Si donc, depuis la
vente, l'acheteur a connu qu'il n'était pas propriétaire, il cesse dès ce moment de faire les fruits
siens : obligé par conséquent de les restituer au
propriétaire, il s'en fera tenir compte par le vendeur. Celui-ci ne peut, dans ce cas, offrir pour
toute réparation les intérêts du prix de vente. Il
n'y a pas lieu d'appliquer ici l'art. 1153. L'acheteur ne se plaint pas du tort qu'il éprouve, parce
qu'il a été privé du prix depuis la vente, mais de
celui que lui cause la perte des fruits perçus. La
restitution doit être faite intégralement.

L'acheteur peut-il alléguer que la privation du
prix payé lui a été préjudiciable, et demander à
ce titre le paiement des intérêts depuis la vente ?

Cette prétention ne doit être admise que comme la réparation d'un dommage : elle devra donc être écartée si la chose vendue était productive de fruits : la perte des intérêts a, dans ce cas, été compensée par la jouissance de la chose. Nous croyons au contraire que les intérêts seraient dus si la chose n'avait pas donné de fruits. Cela étant, si nous supposons une vente où le prix consiste en une rente viagère, quelle restitution est due à l'acheteur évincé? Une rente viagère suppose un capital et l'on est accoutumé à traiter les arrérages comme des fruits; si bien que l'usufruitier d'une rente viagère, quand cesse son usufruit, conserve les arrérages échus, et s'acquitte en restituant le droit aux arrérages à venir. Pouvons-nous dire que le vendeur a restitué le capital du prix de vente, du moment qu'il a cessé de recevoir les arrérages? En réalité la restitution serait illusoire. Un arrêt décide que tous les arrérages payés devront être remboursés. Mais cette doctrine nous paraît trop absolue. Il est vrai que dans la rente viagère les arrérages ne représentent pas uniquement des fruits; mais ils ne composent pas non plus une série de capitaux. Deux éléments se confondent en eux : les fruits du capital, et le capital lui-même qui, à chaque terme échu, se trouve absorbé pour partie. Nous pensons donc qu'il faut, dans les arrérages, distinguer ce qui est capital de ce qui est intérêt. Le

premier élément sera restitué comme prix : le
second ne doit l'être que si, la chose vendue n'é-
tant pas frugifère, les intérêts du prix doivent être
fournis. Le plus souvent l'acte de vente contien-
dra une fixation du prix, capital de la rente : on
s'en aidera pour déterminer quelle part dans les
arrérages représente les fruits : si le prix n'est
pas déterminé, une évaluation préalable du capital permettra de faire le calcul.

3° *Restitution des frais judiciaires.* — La restitution comprend « les frais faits sur la demande en
garantie de l'acheteur, et ceux faits par le demandeur originaire » (1630-3°). Malgré la généralité
des termes de l'article, on reconnaît que les frais
faits avant la mise en cause du vendeur, à l'exception des frais de l'exploit introductif d'instance,
ne sont pas à sa charge. Toutefois, si la procédure
qui a précédé la mise en cause est utile au mode
de défense adopté par le garant, celui-ci en supportera la dépense : d'autre part, si l'acheteur,
demeuré en cause avec le vendeur, donnait lieu
à des frais inutiles, la position du vendeur n'en
serait pas aggravée. En matière d'indemnités l'é-
quité doit être souveraine. — Par le même motif
nous laisserons entièrement à la charge de l'a-
cheteur tous les frais faits par lui après que le vendeur a déclaré ne pouvoir repousser la demande.

4° *Frais du contrat.* — Tous les frais d'actes et
autres frais accessoires , tels que les droits de

mutation, sont à la charge de l'acheteur. Il est
juste qu'ils lui soient remboursés, s'ils ont été
faits en pure perte. Mais n'oublions pas que cette
restitution est la réparation d'un dommage, et
qu'elle doit, comme telle, suivre le sort de l'action en garantie.

Si le vendeur abandonne à l'acheteur un autre
immeuble en paiement de l'immeuble évincé, la
restitution des frais et loyaux coûts du contrat
primitif sera obtenue en mettant à la charge du
vendeur les frais du second contrat. L'acheteur
aurait en effet conservé le premier immeuble sans
nouveaux déboursés : pour que la réparation du
dommage soit complète, la mise en possession
du second immeuble ne doit lui imposer aucune
dépense. Nous croyons qu'il faut appliquer cette
décision toutes les fois qu'il est bien prouvé que
l'intention des parties a été de faire remploi.
Évidemment, si le remploi est plus considérable,
la restitution n'a lieu que jusqu'à concurrence des
frais du premier contrat : le surplus est à la charge
de l'acheteur.

5° *Dommages et intérêts.* — La garantie oblige
le vendeur à rendre l'acheteur complétement indemne. Or il peut arriver que les diverses restitutions que nous avons passées en revue ne par-
viennent pas à ce résultat. Ce qui excède pour arriver au niveau du préjudice éprouvé est spécialement appelé par le Code dommages et intérêts

(1630-4'). Nous avons vu néanmoins que ce nom doit s'appliquer à tout ce qui n'est pas la restitution du prix. Cette observation est d'une grande importance; en effet le prix doit toujours être restitué en entier; au contraire, tout ce qui rentre dans les dommages et intérêts n'est attribué à l'acheteur que s'il justifie d'un préjudice causé par l'éviction.

L'indemnité est due à raison des pertes éprouvées par l'acheteur, et du gain dont il est privé : *damnum emergens et lucrum cessans.* « Si au moment de l'éviction, dit l'art. 1633, la chose vendue se trouve avoir augmenté de prix, indépendamment même du fait de l'acquéreur, le vendeur est tenu de lui payer ce qu'elle vaut au-dessus du prix de vente. » Rien n'est plus juste, car l'acheteur doit recevoir en argent la représentation exacte de ce que lui fait perdre l'éviction. C'est la règle romaine qui, abrogée pour l'hypothèse inverse, a été ici conservée. Nous avons fait remarquer comment la doctrine du Code, en réunissant deux règles différentes, aboutit à ce résultat regrettable que la dette du vendeur peut être élevée par cas fortuit au-dessus du prix de vente, tandis que jamais un cas fortuit ne peut la faire descendre au-dessous de ce prix. Lorsque la chose est dépréciée, l'acheteur peut se féliciter d'avoir été évincé : il réalise un bénéfice que ne lui aurait pas donné l'exécution réelle du contrat.

Il peut arriver que la plus-value accidentelle soit énorme, et de beaucoup supérieure aux prévisions des parties. Le vendeur est-il tenu de payer l'augmentation tout entière? Nous répondrons à cette question par une distinction qu'établit l'art. 1150 : « Le débiteur n'est tenu que des dommages et intérêts qui ont été prévus ou qu'on a pu prévoir lors du contrat, lorsque ce n'est point par son dol que l'obligation n'est point exécutée. » Ainsi, pensons-nous, le vendeur de bonne foi paiera seulement la plus-value que l'on pouvait raisonnablement prévoir; au contraire, s'il est de mauvaise foi, il devra rembourser toute la perte, même imprévue, qui est une suite directe de l'éviction. Nous ne saurions être arrêté par l'objection que l'on fonde sur la généralité des termes de l'art. 1633. La distinction n'est pas, il est vrai, écrite au titre de la vente en termes exprès; mais l'art. 1639 renvoie pour toutes les questions non décidées aux principes généraux qui régissent les conventions. L'art. 1150 pose un principe général, et nous devons l'appliquer toutes les fois qu'il n'y est pas dérogé : or aucune exception n'est faite à ce principe au sujet de la garantie. Nous pouvons d'autant moins admettre ici une dérogation tacite, qu'en matière de dommages et intérêts toutes les règles dérivent de l'équité, et que l'exception proposée blesserait l'équité. Nous ajouterons que Dumoulin et Pothier apportaient ce tempérament à l'obligation du vendeur : or nous savons que leur doctrine a été adoptée presque en totalité par les rédacteurs du Code Napoléon. Un dissentiment sur une question d'une telle importance n'a pu être passé sous silence.

Nous appliquons la règle que nous avons posée dans le cas où l'acheteur a trouvé un trésor sur l'immeuble vendu. Le trésor n'étant pas un fruit de l'héritage, l'acheteur, même possesseur de bonne foi, est obligé de restituer au tiers qui revendique la moitié du trésor attribuée par la loi au propriétaire. Cette restitution ne peut être comprise dans la restitution des fruits que l'acheteur est en droit, ainsi qu'il a été dit, d'exiger du vendeur. D'autre part l'éviction prive l'acheteur d'un bénéfice qu'il aurait retiré de l'exécution du contrat. Mais assurément les parties n'ont pu prévoir lors de la vente qu'un trésor serait trouvé sur l'héritage. Aussi déclarons-nous le vendeur de bonne foi affranchi de toute responsabilité à cet égard ; au contraire le vendeur de mauvaise foi devra rembourser à l'acheteur la moitié restituée au propriétaire, car la perte, bien qu'imprévue, est une suite directe de l'éviction. Nous conviendrons toutefois qu'il serait à désirer que la loi établît un maximum pour ces dommages et intérêts, imitant en cela la sage disposition du droit romain, qui limitait au double du prix l'action en garantie.

Le Code renferme quelques règles spéciales pour l'indemnité due à raison de travaux exécutés sur le fonds vendu par l'acheteur : une distinction est faite suivant que le vendeur est de bonne ou de mauvaise foi. « Le vendeur, porte l'art. 1634, est tenu de rembourser, *ou de faire rembourser à l'acquéreur, par celui qui l'évince*, toutes les réparations et améliorations utiles qu'il aura faites au fonds. » L'article suppose le vendeur de bonne foi, car une règle différente est ensuite donnée pour le vendeur de mauvaise foi : celui-ci est « obligé de rembourser à l'acquéreur toutes les dépenses, même voluptuaires ou d'agrément (1635). » Bien que les dépenses nécessaires ne soient pas nommées par la loi, elles sont évidemment, *à fortiori,* comprises dans l'obligation de garantie : elles doivent être restituées intégralement, car le propriétaire est lui-même tenu de cette obligation vis-à-vis du possesseur qu'il évince, bien que la partie conservée ait été détruite par un cas fortuit.

Le vendeur, dit a l loi, doit rembourser *ou faire rembourser* toutes les améliorations utiles. En effet le propriétaire, qui ne peut pas s'enrichir aux dépens du possesseur de bonne foi, doit, à son choix, lui rendre soit la valeur des matériaux et la main-d'œuvre, soit la plus-value (555). Si le vendeur parvient à faire condamner le propriétaire à fournir à l'acheteur les restitutions exigées, il sera déchargé d'autant; dans le cas contraire, il supportera toute l'indemnité.

L'acheteur peut réclamer par l'action en garantie la réparation du dommage qu'il éprouve : la valeur dont le prive l'éviction est l'estimation exacte de ce dommage. Ainsi la plus-value existant au moment de l'éviction déterminera le montant de la prestation. Il peut arriver que les dépenses soient supérieures à la plus-value; mais dans ce cas l'acheteur ne peut pas dire que l'excédant des dépenses sur la valeur obtenue lui ait été enlevé : cette perte était antérieure à l'éviction. Si la plus-value est supérieure aux dépenses de l'acheteur, elle n'en devra pas moins être restituée intégralement : l'acheteur est dans ce cas dépouillé d'un bénéfice sur lequel il pouvait légitimement compter, et il en doit recevoir l'équivalent : nous avons ici les deux éléments des dommages et intérêts, *lucrum cessans et damnum emergens.*

Les dépenses voluptuaires ne sont dues par le vendeur que s'il est de mauvaise foi, c'est-à-dire s'il a connu, lors de la vente, la cause de l'éviction. On ne peut dire qu'il ait pu prévoir toutes les fantaisies de l'acheteur; mais, s'il est de mauvaise foi, il est tenu de tous les dommages imprévus, car, dans ce cas, ce n'est pas seulement la volonté qu'il a eue de s'obliger, c'est son dol qui l'oblige. Le même motif met à sa charge des pertes qui, par suite de l'éviction, frapperaient l'acheteur *extrinsecùs*, dans ses autres biens. Pothier suppose que ce dernier a établi une auberge dans la maison achetée : le dérangement apporté par l'éviction dans son commerce d'aubergiste fait subir à l'acheteur un préjudice qui sera compris dans les dommages et intérêts. Il en serait différemment à l'égard d'un vendeur de bonne foi : celui-ci ne serait responsable de ces pertes que s'il ressortait des circonstances qu'elles ont été spécialement prévues (n° 137 et suiv.).

Les diverses hypothèses que nous avons parcourues ne sont pas les seules où se rencontrent les dommages et intérêts : les principes généraux recevront leur application dans tous les cas où les règles posées au titre de la vente sont muettes (1639).

II, L'éviction partielle donne lieu à la garantie comme l'éviction totale. Mais sur quelle base dans ce cas sera calculée l'indemnité due par le vendeur? Une question doit avant tout être examinée : la partie enlevée est-elle de telle importance relativement au tout, que l'acheteur n'eût point consenti à contracter sans cette partie? Il peut alors faire résoudre la vente, et les règles de l'éviction totale recevront leur application (1636).

Si la résolution n'est pas prononcée, soit que la partie enlevée n'ait pas une importance aussi considérable, soit que l'acheteur renonce à son

droit, examinons quels sont les effets de la garantie. Nous savons que l'action *ex empto*, en
droit romain, avait pour objet une indemnité
qui représentait exactement le préjudice éprouvé
par l'acheteur, sans distinguer si la chose tout
entière ou une partie seulement était enlevée.
Dans les deux cas l'acheteur pouvait demander
l'équivalent de ce qu'il perdait, mais rien que cet
équivalent. Dumoulin et Pothier, après avoir attribué à l'action *ex empto*, dans le cas d'une éviction totale, des effets qu'elle n'avait jamais produits à Rome, cherchèrent à étendre leur système
à l'éviction partielle. Ils décidèrent que le prix
devait être restitué proportionnellement à la fraction enlevée ; une ventilation opérée, eu égard
à la valeur au temps de la vente, faisait connaître
la p tion du prix qui correspondait à cette fraction. Une seconde ventilation, dans laquelle on
tenait compte de l'augmentation de valeur, dé-
terminait le montant des dommages et intérêts
(Pothier, 140 et suiv.). Invoquant toujours à
l'appui de leur théorie l'autorité des lois romaines,
ils citèrent plusieurs textes où une opération de
ce genre était indiquée pour la restitution d'une
partie du prix : tombant ainsi dans une confusion
étrange, ils appliquèrent à l'action *ex empto* des
textes qui se rapportaient manifestement à l'action *ex stipulatu*. Cette nouvelle erreur paraît une
conséquence logique de la précédente : l'éviction

est régie par les mêmes principes, qu'elle soit totale ou partielle; la vente est déclarée nulle ou résiliée, pour le tout ou pour partie. Les rédacteurs du Code Napoléon ont cependant repoussé cette application de la doctrine qu'ils ont adoptée. Dans le cas d'une éviction partielle, ils ne déclarent pas la vente nulle pour partie, mais maintiennent l'effet primitif de l'action *ex empto :* l'acheteur n'obtient par le recours en garantie que l'évaluation exacte du préjudice souffert.

L'équité du système romain qui compense les chances heureuses par la charge des risques a, dans ce cas, été préférée par les rédacteurs. Ils semblent avoir été préoccupés de cette idée que, la vente ayant produit ses effets, même restreints, on ne peut dire que le prix ait été payé sans cause. Interprétant la volonté des parties qui ont eu en vue, d'une part une chose envisagée dans son ensemble, de l'autre un prix formant également un tout unique, la conservation de la chose, même diminuée, leur paraît une cause suffisante pour que le prix, somme une et non réunion de fractions, ait été valablement payé. Cette décision ne trouve son application que si l'éviction partielle n'entraîne pas la nullité du contrat : dans ce cas le but de la vente est atteint, car l'éviction d'une partie minime relativement au tout n'altère pas' l'ensemble que l'acheteur a voulu acquérir; la partie enlevée fût-elle assez considérable pour

donner ouverture au droit de résolution, l'acheteur, en renonçant à ce droit, montre que dans
sa pensée l'utilité de la vente subsiste : dès lors
l'ensemble qui forme le prix a été valablement
payé.

Quoi qu'il en soit des motifs qui nous paraissent
avoir guidé le législateur, sa décision est nettement formulée dans l'art. 1637 : « Si la vente
n'est pas résiliée, la valeur de la partie dont l'acquéreur se trouve évincé lui est remboursée suivant l'estimation à l'époque de l'éviction, et non
proportionnellement au prix total de la vente,
soit que la chose vendue ait augmenté ou diminué de valeur. » Les termes de cet article sont
absolus, et repoussent, suivant nous, la distinction proposée par plusieurs auteurs entre l'éviction d'une part divise et celle d'une part indivise.
Dans cette opinion la restitution proportionnelle
du prix devrait être admise lorsque l'acheteur est
évincé d'une part indivise, et l'article ne s'appliquerait qu'à l'éviction d'un *locus certus*. Mais rien
n'autorise une telle restriction. En droit romain
les deux hypothèses étaient soumises à une seule
et même règle; Dumoulin et Pothier, faisant
l'application d'une doctrine opposée, avaient une
règle contraire, mais semblable pour les deux
évictions; le Code ne parle pas davantage d'une
différence à établir entre elles. Il serait étrange
qu'il eût innové tacitement. D'ailleurs, que la por-

tion enlevée soit divise ou indivise, les motifs ne
sont-ils pas les mêmes pour adopter telle ou telle
solution? Repousser la doctrine de Pothier dans
un cas, n'est-ce pas la repousser également dans
l'autre? Mais nous n'insisterons pas sur cette dernière observation, car, dans notre opinion, l'article 1637 embrasse l'une et l'autre hypothèse :
la généralité de ses termes ne nous laisse aucun
doute à cet égard.

Le principe une fois posé, ses applications ne
sauraient présenter de difficultés. Nous nous contenterons de renvoyer aux règles précédemment
étudiées : l'acheteur, par son recours, obtiendra
d'être rendu indemne, et les dommages et intérêts comprendront tout le préjudice, mais jamais
plus que le préjudice souffert.

Nous avons vu que le Code Napoléon assimile
à l'éviction partielle l'existence sur le fonds
vendu de servitudes occultes non déclarées. L'a-
cheteur en conséquence, s'il découvre avoir acquis une propriété démembrée, peut, suivant les
circonstances, faire résilier la vente ou réclamer
une indemnité. Mais comment celle-ci sera-t-elle
déterminée? Sur ce point la loi est muette. L'ancienne jurisprudence, suivant en cela le droit romain, donnait à l'acheteur une action *quanti minoris* par laquelle il obtenait une diminution de
prix proportionnée à la moins-value du fonds,
eu égard à la servitude, lors de la vente. Mais

nous croyons que l'assimilation faite par le droit
actuel entre l'éviction partielle et les servitudes
est plus complète. La place que l'art. 1638 occupe dans le Code est, à nos yeux, la preuve manifeste qu'il faut écarter la règle donnée pour les
vices rédhibitoires, et accorder à l'acheteur une
indemnité complète. Le vendeur devra donc,
sans rechercher la moins-value probable au temps
de la vente, réparer tout le dommage que l'existence de la servitude fait éprouver à l'acheteur.

CHAPITRE IV.

Des causes qui modifient l'obligation de garantie.

I. La garantie, suite naturelle de la vente, existe de droit au profit de l'acheteur. Mais « les parties peuvent, dit l'article 1627, par des conventions particulières, ajouter à cette obligation de droit, ou en diminuer l'effet : elles peuvent même convenir que le vendeur ne sera soumis à aucune garantie. » Nous examinerons successivement les clauses qui ont pour effet d'étendre et de restreindre l'obligation du vendeur.

Les clauses extensives peuvent avoir un double objet : soumettre le vendeur à la garantie dans des cas où de droit il n'en serait pas tenu, et faire produire à l'action, alors qu'elle est donnée, des effets plus étendus.

Ainsi nous savons que l'éviction provenant d'un cas fortuit ne donne pas ouverture au recours. L'acheteur, menacé par exemple d'une expropriation pour cause d'utilité publique, ne se décidera peut-être à conclure le marché qu'en stipulant une garantie spéciale pour cette cause d'éviction : la convention aura son plein et entier effet. — C'est à dessein que nous signalons une clause se référant à un danger prévu lors du contrat d'une manière expresse; car si le vendeur avait fait une promesse vague et générale, de garantir l'acheteur *de tous troubles et empêchements quelconques,* cette promesse n'aurait pas la même énergie. On se méfie à juste titre de ces clauses de style que les notaires ont l'habitude d'insérer dans tous les actes, sans même en expliquer la portée aux parties contractantes, et, malgré la généralité des termes employés, la garantie n'en reçoit aucune extension. Il faudrait, pour que cette promesse produisît un effet, qu'il ressortit de l'ensemble des circonstances que, dans la pensée des parties, elle s'appliquait à certaines causes d'éviction spécialement prévues. — Il en serait autrement de la clause de garantie pour *tous cas de force majeure :* il est hors de doute ici que le vendeur a entendu se soumettre aux risques, car il n'est pas d'usage que le vendeur accepte une pareille responsabilité, et une mention de ce genre est évidemment l'œuvre des parties.

Lorsque l'acheteur, au moment de la vente, a connu le danger de l'éviction, le vendeur, ainsi que nous le verrons plus loin, n'est pas tenu des dommages et intérêts. La convention peut cependant les mettre à sa charge. Dans cette hypothèse il est même inutile que le danger connu soit ex-

pressément indiqué : une clause générale de garantie est suffisante. Il est naturel, en effet, de
supposer que la garantie stipulée n'est pas celle
du droit commun, mais qu'elle s'applique précisément au danger connu. L'article 1599 dit, il est
vrai, « que les dommages et intérêts ne sont pas
dus lorsque l'acheteur a su que la chose appartenait à autrui ; » mais cet article se réfère à la garantie de droit ; les parties pouvaient y déroger,
et c'est en ce sens qu'il faut interpréter la stipulation expresse de garantie.

Cette garantie, plus large que la *garantie de
droit*, est appelée, par opposition à la première,
garantie de fait : elle se rencontre également
quand le vendeur a promis de rembourser, en
cas d'éviction, même les dépenses voluptuaires,
et, en général, toutes les fois que l'obligation légale du vendeur est étendue par la convention.
— Le nom d'ailleurs s'applique à toute modification apportée par les parties à la garantie de droit,
que celle-ci soit augmentée ou diminuée.

Les clauses restrictives peuvent de même avoir
un double objet : priver l'acheteur du recours
dans certains cas et affranchir le vendeur, alors
qu'il est soumis à l'action en garantie, de certaines prestations. Les parties, sauf une exception dont nous allons parler, ont toute latitude
dans leurs conventions. Elles peuvent écarter
telle cause d'éviction qu'il leur plaît d'indiquer,

ou fixer à forfait le montant des dommages et intérêts, ou bien établir un maximum que l'indemnité ne pourra dépasser. Elles peuvent enfin convenir qu'il ne sera dû aucune garantie.

Une restriction est apportée à cette latitude par
l'article 1628 : « Le vendeur demeure cependant
tenu de la garantie qui résulte d'un fait qui lui
est personnel : toute convention contraire est
nulle. » Cette prohibition paraît générale : il faut
pourtant distinguer suivant que le fait personnel
est antérieur ou postérieur au contrat. Elle s'applique dans toute sa rigueur au fait postérieur.
On peut dire qu'il y aurait dol de la part du vendeur à méconnaître les obligations que lui im-
pose la vente, et la loi ne peut autoriser le dol.
On voit que la garantie du fait personnel postérieur à la vente est, non pas de la nature, mais
de l'essence de la vente.

A l'égard des faits personnels antérieurs à la
vente, la prohibition n'est pas aussi absolue. Sans
doute une clause générale de non-garantie n'empêche pas que le vendeur ne soit soumis au recours pour les évictions provenant des droits par
lui consentis sur la chose, car il commet un dol
en cachant ces causes d'éviction. Mais s'il déclare
les faits personnels et stipule la non-garantie à
raison de ces faits, la convention sera valable ; il
a agi loyalement en avertissant l'acheteur du
danger qui le menaçait, et celui-ci, éclairé par

cet avis, a pu traiter en connaissance de cause :
« Il serait contraire à la bonne foi, dit Pothier,
que le vendeur, qui ne peut ignorer son propre
fait, exposât l'acheteur aux évictions qui peuvent
arriver par son fait, *sans le lui déclarer.*» La bonne
foi n'est plus intéressée du moment que l'acheteur
a été informé du danger : rien alors ne s'oppose
plus à la liberté des conventions.

Lorsque les parties ont ainsi dérogé par convention à la garantie de droit, pour connaître la
portée des modifications apportées, il faut nécessairement rechercher quelle a été l'intention des
parties. Les tribunaux auront à apprécier les termes de l'acte et les circonstances qui l'ont accom-
pagné. Il y a lieu d'examiner spécialement dans
une clause de non-garantie si le vendeur a entendu seulement limiter la responsabilité dont il
est tenu, ou s'il a voulu se soustraire à un recours
quelconque. En Droit romain, nous avons dit
qu'il fallait interpréter la clause de non-garantie
en ce sens que l'indemnité ne devra jamais être
supérieure au prix de vente. Nous n'avons admis
l'exclusion de toute garantie que s'il était certain
que les parties aient voulu faire une vente aléatoire. La question est décidée en ce sens par le
Code Napoléon : par la clause générale de non-
garantie, le vendeur n'est déchargé que de la
responsabilité qui excéderait le prix de vente : le
contrat aléatoire n'est pas tellement fréquent que

les parties, en le formant, ne s'expliquent pas
avec plus de précision.

Mais une différence notable sépare ici les deux
Droits. Le Droit romain restreint la dette de garantie dans les limites du prix de vente : elle subsiste néanmoins, dans ces limites, avec le caractère que nous lui avons reconnu; elle est la réparation exacte du dommage causé par l'éviction. Si
donc la valeur dont l'acheteur est dépouillé se
trouve inférieure au prix de vente, l'excédant du
prix demeure aux mains du vendeur. Au contraire, dans le Droit actuel, la garantie proprement dite ne s'applique qu'aux dommages et intérêts qui excèdent le prix de vente; car le prix
est restitué toutes les fois qu'il y a éviction, comme
payé sans cause. Par conséquent, si le vendeur
est déchargé de la responsabilité au-delà du prix
qu'il a reçu, on peut dire qu'il n'y a plus d'obligation de garantie. Le recours auquel il est soumis est une *condictio sine causâ*, si bien qu'il devra
rendre le prix en entier, lors même que le dommage lui serait inférieur.

Il n'est pas exigé que l'acte de vente déclare
expressément le contrat aléatoire : certaines
clauses de non-garantie ne peuvent laisser aucun
doute à cet égard, bien que l'on ne rencontre pas
le mot *aléatoire;* nous savons, en effet, que la législation actuelle n'exige pas que la volonté des
parties se produise sous une forme sacramentelle,

à peine de nullité. Il n'est pas non plus nécessaire que tous les éléments qui concourent à déterminer le caractère aléatoire de la vente soient relatés dans l'acte, si d'ailleurs la preuve en peut être faite. C'est ce que nous trouvons ainsi formulé par l'article 1628 : « Dans le cas de stipulation de non-garantie, le vendeur, en cas d'éviction, est tenu à la restitution du prix, à moins que l'acquéreur n'ait connu, lors de la vente, le danger de l'éviction, ou qu'il n'ait acheté à ses périls et risques. » Si l'acheteur, bien que connaissant le danger, a néanmoins consenti la clause de non-garantie, il y a évidemment un forfait. L'acheteur n'a pas dû payer cher : il risque de perdre un prix modique pour réaliser un bénéfice considérable : nous avons donc les éléments du contrat aléatoire.

Le second cas prévu par l'article est celui où les termes de la convention déterminent suffisamment le caractère aléatoire de l'opération : l'acheteur a déclaré la vente à ses périls et risques. Mais la rédaction vicieuse de l'article a fait naître des doutes parmi les interprètes. Suffit-il que la vente soit faite aux périls et risques de l'acheteur, ou faut-il de plus que la clause de non-garantie soit exprimée dans l'acte ? A s'en tenir à la lettre de la loi, il semblerait que la réunion de ces deux circonstances fût exigée, et cela a été soutenu. Mais y a-t-il une manière plus énergique de stipuler la non-garantie, que de vendre aux périls et risques de l'acheteur? Cette clause n'a pu être acceptée à la légère : elle nous paraît suffisante pour décharger le vendeur même de la restitution du prix. Bien entendu, nous supposons qu'aucun dol n'a été commis.

II. D'après sa définition même, la garantie est l'obligation imposée au vendeur d'indemniser l'acheteur du préjudice que lui cause l'éviction. Elle doit donc disparaître, s'il est établi que ce n'est pas l'éviction, le fait dont le vendeur est responsable, qui entraîne la perte éprouvée par l'acheteur. Nous avons vu ce principe admis par le Droit romain, et appliqué dans toute sa rigueur à l'acheteur de mauvaise foi. Lorsqu'une personne sait, au moment de la vente, que la chose achetée par elle n'appartient pas au vendeur, et qu'il y a par conséquent un danger imminent d'être évincé, elle ne peut imputer qu'à elle-même le dommage que lui cause l'éviction. Le fait du vendeur n'étant plus préjudiciable, celui-ci est déchargé de toute responsabilité. — Le même principe est consacré par le Code : l'acheteur, nous dit implicitement l'article 1899, n'a pas droit à des dommages et intérêts, s'il a su que la chose fût à autrui. Nous retrouvons ici la différence, plusieurs fois déjà signalée, entre l'ancienne et la nouvelle garantie.La première, n'ayant pour objet qu'une indemnité, se trouve entièrement exclue dans notre hypothèse. Au contraire, la seconde a deux objets distincts : la restitution du prix et une indemnité : l'absence d'un préjudice souffert ne peut porter atteinte qu'à l'un des deux objets : il n'y a pas lieu d'imposer au vendeur des dommages et intérêts, mais la mauvaise foi de l'acheteur n'empêche pas que le prix n'ait été payé sans cause ; il devra donc être restitué. La connaissance du danger qu'a eue l'acheteur doit s'interpréter en ce sens qu'il accepte la perte à laquelle il se sait exposé ; mais rien dans sa volonté ne peut autoriser le vendeur à garder le prix, alors que la vente de la chose d'autrui est déclarée nulle.

Bien que l'article 1599 ne se rapporte qu'à un défaut absolu de droit chez le vendeur, la connaissance de toute cause devant produire un résultat analogue rendrait l'acheteur non recevable dans sa réclamation : ainsi, par exemple, s'il a su que la chose était grevée d'un droit de retour ou de réméré : en effet, la condition accomplie ayant un effet rétroactif, le vendeur n'aura été qu'un propriétaire apparent. Les termes de l'article nous montrent qu'il n'est pas nécessaire que le vendeur ait déclaré le danger : il suffit que l'acheteur *l'ait connu.* Pourquoi déclarer à celui-ci une circonstance dont il est instruit ? *Ubi judicium emptoris est,* dit Cicéron, *ibi fraus venditoris quæ potest esse ?* (de Offic.) — C'est en vertu du même principe que nous avons vu le vendeur déchargé de la garantie pour les servitudes apparentes.

Une règle générale admise par le Droit romain et l'ancienne jurisprudence, c'est que l'éviction ne soumet le vendeur à aucun recours, si elle provient du fait ou de la faute de l'acheteur. Cette règle subsiste dans le Droit actuel. Lorsque l'éviction a ce caractère, elle est censée non survenue à l'égard du vendeur, qui, dans ce cas, est déchargé non-seulement des dommages et intérêts, mais encore de la restitution du prix. Pothier donne l'exemple suivant d'un fait personnel : « Vous avez consenti que votre héritage fût hypothéqué pour une dette de Pierre : vous avez ensuite fait donation de cet héritage à Jacques, qui me l'a vendu, et peu après je vous l'ai revendu. Si vous souffrez éviction de cet héritage de la part du créancier de Pierre, quoique la cause de cette éviction soit antérieure à la vente que je vous ai faite, vous n'êtes pas recevable à agir en garantie contre moi pour cette éviction, parce qu'elle procède de votre propre fait... Vous n'êtes pas, à la vérité, dans cette espèce, mon garant,... mais il suffit que l'éviction procède de votre propre fait, pour que vous ne soyez pas recevable à vous en plaindre, et à agir en garantie contre moi (n° 91). »

Nous avons vu précédemment plusieurs conséquences de la règle qui fait cesser la garantie lorsque l'acheteur est en faute. L'article 1640 contient une application particulière de ce principe. « La garantie pour cause d'éviction cesse lorsque l'acquéreur s'est laissé condamner par un jugement en dernier ressort, ou dont l'appel n'est plus recevable, sans appeler son vendeur, si celui-ci prouve qu'il existait des moyens suffisants pour faire rejeter la demande. » Il serait injuste que les conséquences d'une faute retombassent sur un autre que son auteur. Il y avait d'autant plus d'intérêt à prévoir cette hypothèse, que l'acheteur aurait pu frauduleusement se laisser condamner, afin de répéter son prix, plus considérable que la valeur actuelle de la chose. Le vendeur qui invoque l'article 1640 doit prouver qu'il y avait des moyens de faire rejeter la demande, sans d'ailleurs distinguer entre les moyens qu'il peut faire valoir de son chef et ceux qui sont personnels à l'acheteur. Un arrêt de Bruxelles (7 mai 1829) repousse avec raison cette distinction qui n'était pas non plus admise par le Droit romain.

Disons en terminant que, si l'acheteur avait su que la chose provenait d'un vol, il ne pourrait exercer aucun recours contre le voleur pour cause d'éviction. Il est dans ce cas recéleur, et le prix payé ne peut être répété, car *nemo auditur turpitudinem suam allegans* (Pothier, 190).

III. L'obligation de garantie peut, dans cer-

taines ventes, être soumise à quelques règles spéciales. Les modifications qu'elle reçoit ne sont en
réalité qu'une interprétation de la volonté des
parties, mais nous en traitons à part pour éviter
la confusion. Les ventes d'une nature particulière, dont nous nous proposons de dire quelques
mots, sont la cession de créances et la vente d'une
hérédité.

Celui qui vend une créance est un vendeur, et
comme tel il est tenu de la garantie. Mais ici encore il faut distinguer la garantie de droit, résultant de la loi, de la garantie de fait, résultant
des conventions. — La garantie légale ne s'applique qu'à l'existence de la créance, à sa validité et au droit du cédant sur cette créance. La
chose vendue est en effet un droit, et le vendeur
est obligé de transmettre ce droit. Mais l'utilité
de ce droit n'est pas comprise dans la garantie.
Le cédant ne serait tenu de l'insolvabilité du débiteur que s'il était coupable d'un dol. Le cessionnaire doit donc, s'il est prudent, s'informer
avant la cession de l'état de fortune du débiteur
cédé. — Les accessoires de la créance, s'il en
existe, ne sont compris dans l'obligation de garantie que s'ils ont été déclarés par le vendeur,
et encore n'y entrent-ils que sous les mêmes distinctions que la créance principale. — Lorsque
le cessionnaire est évincé du droit qu'il a acheté,
le cédant doit lui restituer le prix de la cession

avec les intérêts, les frais de l'acte, les dépens du procès, et l'indemnité de toutes autres pertes, suites directes de l'éviction.

La garantie de fait, celle qui résulte de la convention, peut être extensive ou restrictive de celle qui dérive de la loi. La convention des parties fait loi entre elles : la garantie sera donc étendue aussi loin qu'il aura été déclaré.

Le cédant peut s'obliger à garantir le cessionnaire contre l'insolvabilité actuelle du débiteur, ou contre son insolvabilité actuelle ou future; il peut enfin s'obliger à fournir lui-même le paiement à l'échéance. Dans le doute, la convention s'interpréterait en faveur du cédant; ainsi la clause de cession avec garantie ne doit s'entendre que de la garantie de fait qui s'applique à la solvabilité actuelle du débiteur. Le doute ici ne porte pas sur la chose vendue, et il n'y a pas lieu d'appliquer l'article qui interprète contre le vendeur tout pacte ambigu.

Les parties peuvent restreindre la garantie, et même la supprimer. Mais une clause de non-garantie n'aurait pour effet que d'affranchir le cédant des dommages et intérêts : il n'en devrait pas moins restituer le prix de cession. Pour que tout recours fût refusé au cessionnaire, il faudrait qu'à cette clause de non-garantie vînt se joindre 'a déclaration du cédant que la créance est dou-

teuse, ou bien la connaissance qu'aurait eue le
cessionnaire des dangers d'éviction : à moins
que la cession n'eût été faite aux périls et risques
du cessionnaire. Dans ce dernier cas, le caractère aléatoire de l'opération n'est l'objet d'aucun
doute.

Bien entendu, dans aucun cas, le cessionnaire
ne serait écouté dans sa réclamation, si le dommage qu'il éprouve lui était imputable à faute ou
à négligence.

La vente d'une hérédité présente le même caractère en droit français qu'en droit romain. Elle
comprend non des choses déterminées, mais un
droit certain à tels biens qui se trouveront être
héréditaires. Ainsi le vendeur n'est tenu de
garantir que l'existence du droit cédé, mais non
pas son efficacité. Il serait responsable évidemment de son dol ou de son fait personnel, mais
pas au delà. L'acheteur contre lequel le retrait
successoral sera exercé ne pourra donc pas se
plaindre. Il n'y a pas là un fait personnel du
vendeur, mais l'exercice d'un droit dont la chose
est grevée par la loi même. On peut dire que la
dépossession est l'effet d'une qualité inhérente à
l'hérédité achetée, mais cette qualité en est insé-
parable, et l'acheteur a su ou dû savoir qu'elle
était telle.

L'objet de la garantie dans cette vente, comme
dans toutes les autres en droit français, est dou-

ble, et porte d'une part sur le prix, de l'autre
sur des dommages et intérêts. Cette garantie de
droit peut être modifiée par la convention des
parties.

————

POSITIONS.

—

DROIT ROMAIN.

I. Celui qui achète sciemment la chose d'autrui n'a, en cas d'éviction, aucun recours contre le vendeur, pas même pour demander le prix de vente, s'il n'y a eu convention contraire.

II. La garantie n'est due, pour les servitudes prédiales qui grèvent le fonds vendu, que si le vendeur a présenté le fonds comme libre, à moins d'un dol de sa part.

III. Si l'acheteur actionne *ex empto* le vendeur pour obtenir de lui la *stipulatio duplæ*, le vendeur, condamné sur son refus, n'est pas astreint à payer dès à présent le double du prix.

IV. Une clause générale de non-garantie laisse néanmoins subsister la garantie jusqu'à concurrence du prix payé.

V. Le créancier gagiste, qui a vendu le gage *jure pignoris,* est garant de l'éviction provenant d'une de ces trois causes : 1° si sa créance n'existe pas; 2° si un droit de gage ou d'hypothèque ne lui a pas été consenti; 3° si son droit est primé par des créanciers préférables.

VI. La condamnation, dans l'action *ex empto,* a un objet unique, la réparation du dommage causé par l'éviction.

DROIT FRANÇAIS.

Droit civil.

I. Lorsque la vente a pour objet un bien, soit corporel, soit incorporel, dont l'existence a une durée limitée, l'éviction survenue après un temps assez long doit être assimilée à l'éviction partielle.

II. Lorsque l'acheteur est évincé par suite d'une prescription commencée avant et accomplie après la vente, il n'a pas de recours en garantie, si on peut lui imputer à faute l'accomplissement de la prescription : c'est une question de fait.

III. Dans la vente par expropriation forcée l'adjudicataire a un recours en garantie, mais seulement contre le débiteur saisi.

IV. Le prix payé par l'adjudicataire entre les mains des créanciers inscrits peut être répété comme indû.

V. Le donataire, évincé d'un bien acheté par son auteur, peut recourir contre le vendeur.

VI. Lorsqu'après plusieurs ventes successives le dernier acheteur est évincé, il peut, *omisso medio*, recourir contre les vendeurs antérieurs.

VII. L'exception de garantie est indivisible.

VIII. Le vendeur de bonne foi ne doit pas les dommages et intérêts que l'on ne pouvait pas raisonnablement prévoir au moment de la vente.

IX. L'éviction d'une part indivise ne donne pas lieu à la restitution d'une part proportionnelle du prix de vente, mais à une indemnité calculée sur la valeur actuelle de la portion évincée.

Droit commercial.

I. L'acceptation d'une lettre de change, faite par acte séparé, n'entraîne pas une obligation commerciale.

II. Le porteur de la lettre de change est propriétaire de la provision.

Droit criminel.

I. Lorsqu'une loi crée une juridiction nouvelle

ou modifie des attributions de compétence, on ne viole pas le principe de non-rétroactivité en jugeant d'après la loi nouvelle les crimes et délits commis avant sa promulgation.

II. Lorsque l'auteur d'un crime qui, par application de circonstances atténuantes, n'a été puni que d'une peine correctionnelle, commet un délit, la récidive est de délit à délit.

Droit des gens.

I. Les étrangers ont en France la jouissance de tous les droits civils, à l'exception de ceux qui leur sont formellement refusés par la loi française.

II. L'étranger divorcé peut se marier en France du vivant de son premier conjoint.

Vu par le Président de la thèse :
J.-E. LABBÉ.

Vu,
L'Inspecteur général délégué :
Ch. GIRAUD.

Vu et permis d'imprimer,
Le vice-recteur de l'Académie de Paris :
A. MOURIER.

Paris. — Imprimerie de Ad. Lainé et J. Havard, rue des Saints-Pères. 19.

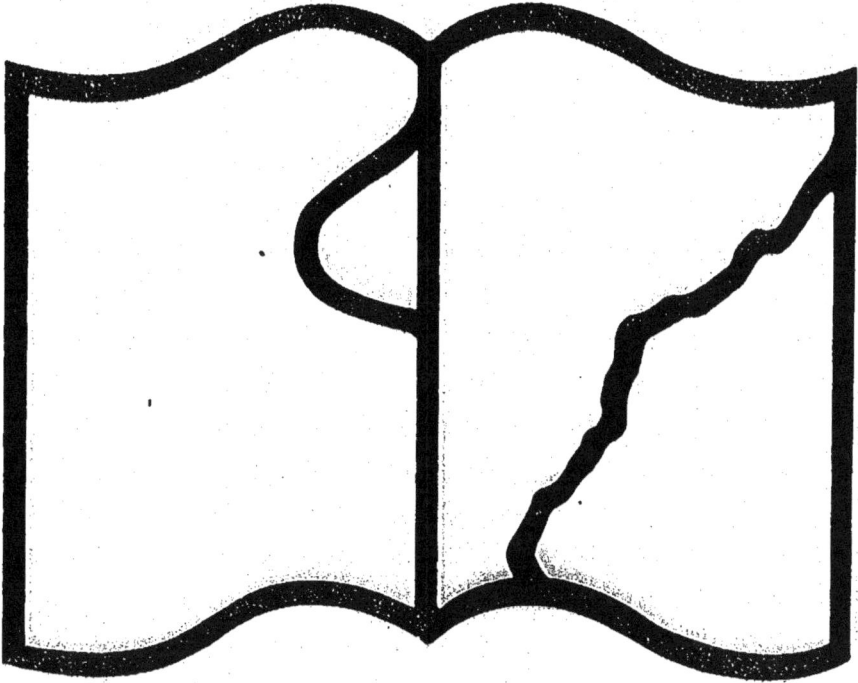

Texte détérioré — reliure défectueuse

NF Z 43-120-11

www.ingramcontent.com/pod-product-compliance
Lightning Source LLC
Chambersburg PA
CBHW071841200326
41519CB00016B/4198